知乎
有问题 就会有答案

学会谈判

为自己争取更多

王达 著

台海出版社

目 录

前言　只有专家才会谈判？不，生活处处是谈判　/ 001

第1章　什么是谈判思维

1.1　不要做经验的"囚徒"　/ 003
1.2　打破思维中的墙　/ 007
1.3　真正洞察对方的需求　/ 014
1.4　谈判不止于辩论　/ 018
1.5　复杂性往往意味着可能性　/ 021
1.6　锚定效应　/ 024
1.7　开出"贪婪的要价"　/ 030
1.8　学会让对手赢　/ 035
1.9　请大胆尝试谈判思维　/ 038

第 2 章　"合情合理"的说服力

- **2.1**　紧抓对方的"痛点"　/047
- **2.2**　发现新的目光　/051
- **2.3**　画面感与决策权　/054
- **2.4**　有共同的诉求就是朋友　/061
- **2.5**　"损失厌恶"　/064

第 3 章　如何应对谈判对方的施压

- **3.1**　情景的力量　/075
- **3.2**　系统 1 与系统 2　/079
- **3.3**　高压困局　/086
- **3.4**　"绞杀"策略　/088
- **3.5**　如何应对比较强势的人　/091
- **3.6**　新手生存法则　/097

第 4 章　如何制定谈判策略

4.1　信息的收集、梳理与分析　/ 113

4.2　合同是最核心的信息　/ 124

4.3　谈判准备之前的五问　/ 134

4.4　谈判策略的设计与应用　/ 141

第 5 章　如何打破谈判僵局

5.1　谈判中的"僵局"　/ 151

5.2　谈判中局的防守反击　/ 166

第 6 章　谈判的终局如何取得胜利

6.1　谈判的胜负手　/ 179

6.2　谈判终局的策略　/ 191

6.3　最艰难的谈判　/ 198

前　言
只有专家才会谈判？不，生活处处是谈判

还记得自己第一次与欧洲知名企业的商务精英谈判时，对方缜密的思维、强硬的态度和凌厉的话术"震"住了我。而且，我完全中了对方的"套路"，被他的说辞"洗了脑"。

意识到自己的这种窘境，我才明白：受过良好培训的商务谈判精英，在谈判桌旁坐下的时候就已经赢了。而像我这种刚从学校出来的人，很多时候都会显得无从应对，谈判时还会因担心双方都下不来台而不敢施压。

领导对我说："谈判这份工作并不是喝喝咖啡那么简单，而且你只有两个选择，要么击败他，要么被他打败！"

此后，我认识、请教了很多领导和谈判精英，询问他们在谈判中遇到的各种问题以及处理方法，将每一次的谈判进行复盘，总结经验和教训。

谈判的时候感觉自己气场很弱怎么办？总是被别人说服怎

么办？总感觉自己的说辞没有说服力怎么办？

内向的人谈判可以用哪些"套路"？不善言辞的人要怎么和别人谈判？

和 HR、老板怎么谈判？与同事一沟通就产生误解是为什么？个人发展遇到瓶颈，到现在还没有升职加薪，想表达自己的诉求时却没有任何思路怎么办？商务谈判的时候如何控制进度？

谈判技能是每一个职场人必备的技能，因为在我们的职场生涯中会出现无数需要谈判的场景：向潜在客户推介公司产品、与合作伙伴洽谈商务合作、跟老板谈加薪、跟同事谈分工、跟 HR 谈待遇……

生活中需要谈判的场景更是数不胜数，留学时说服教授给予奖学金、买车、买房、购物等，这些都需要谈判的技巧和沟通的艺术。

我曾经做过一个系列直播——《如何进行商务谈判》，共四场，累计有近 3000 人次参与，每一场直播的评分都在 4.5 分以上。

做这个系列直播的时候，我以为"谈判"是一个小众领域，没想到有这么多人有关于谈判的困惑。经过这一年与大家的沟通，我大概私信解答了 500 个职场谈判问题，这也让我第一次了解到大家在谈判中可能会遇到的各种各样的问题。于是，我重新整理了关于商务谈判的内容，分享在谈判中要注意什么、应该怎么做。

在本书中，我将为大家展示系统的谈判与沟通的知识理论体系，同时深度剖析自己亲身经历的种种实战案例，帮助大家理解、"内化"这些"干货"。

在这个过程中，大家会了解到什么是"谈判家思维"，谈判期间双方是如何进行筹码交换的，谈判新手应该如何最大限度地保证自己不被"收割"，我们应该如何设计并执行正确的谈判策略，如何识破并妥善应对谈判对手的"套路"和手段，在每一次谈判中失去更少、获得更多。

第 1 章

什么是谈判思维

1.1
不要做经验的"囚徒"

什么是谈判思维？为什么要先从谈判思维展开深入的探讨？这或许是所有人在看到这个题目时下意识产生的疑问。不妨暂且放下这个疑虑，让我们先来探讨一个有趣的问题。从现在开始，我们将拨开蔷薇，推开隐藏在它背后的那扇厚重的大门，一睹门后奇幻的崭新世界——谈判大师、外交专家在时间的长河之中沉淀的智慧。

某天，我在知乎上"闲逛"，手指惯性地滑动屏幕，屏幕上忽然"闪"出一个问题，瞬间吸引了我的注意。

有一个少年，他登录知乎的目的是想询问马云的邮箱地址。为什么要询问马云的邮箱地址呢？因为他想到一些关于阿里巴巴集团发展的战略建议，他自认为颇有见地，希望发给马云，他坚信自己的真知灼见会给阿里巴巴企业的发展带去巨大助力。

看到这里，我心想：你懂什么呀？你怎么可能给马云提出有价值的建议呢？但转念一想，从概率的角度思考，就算买彩票，理论上也有百万分之一的中奖概率，万一这个少年真的是个奇才呢？能给马云提出一些真知灼见也说不定。

我不禁陷入了沉思，这个少年有没有可能给马云提出正确的战略建议？在我思考这个问题的过程中，一个故事进入我脑海里。

在山野之中，有两个樵夫，终日以砍柴谋生，很是辛苦。有一天晌午，他们在树下小憩，一位樵夫问他的同伴："你猜皇帝的日子应当是如何啊？"那位樵夫思考良久答道："我想皇帝一定是用金斧子在砍柴！"

听到这个故事，我们可能会嘲笑那位樵夫的想法——皇帝还需要砍柴吗？皇帝的真实人生是"冕十二旒，乘金银车，驾六马，安邦治国平天下"。所以，这个问题的症结其实就在于樵夫的思维和格局从根本上限制了他正确地想象出皇帝的真实生活场景的一切可能。说到这里，我们也可以顺理成章地得出之前那个问题的答案。

那位少年究竟有没有可能提出正确的战略呢？答案是绝无任何可能。他去买彩票，还有 1% 的概率中奖，但是他给马云提所谓阿里集团发展战略，是没有任何可能的。马云本人曾在公司内部多次强调:"进阿里不满三年的人请不要跟我谈战略!"因为没有见过大海的人永远无法描绘出它的波澜壮阔。

心理学上有一个理论叫作认知失调,其中有一个案例是一位校长希望学校的一位教授在一个奖的评审上给一位学生开绿灯。实际上,那位教授本人并不想给那位学生开绿灯,但是他感觉到来自校长的压力。那位校长跟他谈话,最后说了一句话:"当然了,这完全由你自己选择,只是我个人非常希望你这么选。"这位教授之所以还有些左右为难,就是因为他认为自己是在迫于压力的情况下做出选择的,他对自己的这种做法肯定有一种认知的矛盾,因为这和他自己的原则不符,所以他会很痛苦。那位校长最后说的那句话其实是在暗示教授,他并没有给教授压力。后来,教授在客观上解决了他认知失调的问题,他觉得这么做好像也是可以的。

谈判中的假意推让在职场中很普遍。同事交给你一个任务,说:"我希望你明天可以把这件事完成,当然了,如果你实在来不及也可以不完成。"在这种情况之下,你可能产生一种愧疚感:算了,我还是完成吧;你看人家都没有强迫我,我也不要太过分了。但应对这种策略,最好的方式却是,既然别人这么说了,那我就回一句:"非常感谢你的理解,我确实也有很多困难,这事我可能完不成。"

假意推让,针对但凡是有一些谈判经验的人来说,简直就是一个徒劳之举。

　　我们所有人都是自己思维和经验的"囚徒",如果你不能成功地提升自己的思维和格局,你就永远不可能走在正确的道路上,这也是我要先给大家分享谈判思维的原因之所在。

1.2
打破思维中的墙

如果我们想成为一名优秀的沟通专家和谈判专家，首先最需要做的就是打破思维中的墙！

谈到打破思维中的局限性，不妨先想想自己对谈判的理解。你们觉得谈判专家应该是个什么样的人呢？据我所知，90% 的人，也包括过去的我自己，都认为所谓的谈判专家一定是锱铢必较、阴险狡诈、异常凶狠，专注于攻心算计的角色。我们本能地抵触跟这种人打交道或是成为这种人，其实是没有任何道理的，对吧？但这是认知上的局限性所为。

真正优秀的谈判专家往往极具洞察力和智慧，不但能看出问题表象背后的深层逻辑，同时也极富想象力，总能为双方提出一个双赢的解决方案。这样的人，才是一个聪明的问题解决者，一个极富价值的人。所以谈判专家，其实是一个非常积极正面的形象，也毫无疑问是少数的精英分子。看看身边那些优秀的商务金融行业的经理人、国际级公司的顶级管理者和销售总监,甚至一些杰出的国家领导人,在他们的丰功伟绩的背后,都有着谈判思维的智慧在时刻散发着耀眼的光芒。

值得我们关注的谈判专家的素质是他们的洞察力。在美国留学期间,我选修过一门商务沟通的课程,授课的教授曾跟我们分享过他的一个小故事,让我们对沟通建立完全不同的认知。有一天,他从学校回到家中,刚把车倒进车库,妻子便怒气冲冲地向他走来,直截了当地说:"你明天必须把家里这只该死的狗送走!"

或许我们也有过类似的遭遇,想养宠物,但父母不同意,或自己的另一半不同意。我们肯定第一时间就会武断地认为对方不喜欢小动物,而后感到气愤,指责对方没有爱心。一旦没有责任心成为对对方的判定,紧接着就会产生争吵,这几乎是所有关于宠物饲养争端的剧情都会发展的方向。

但如果你是一个聪明的沟通者,就不会贸然地从这个表象推断出教授的妻子是讨厌这条狗。这位教授很聪明,他收起自己的惊愕和愤怒,理智地跟妻子聊了起来:"好的,亲爱的,对不起!但我能知道你为什么这么着急要送走它吗?"你猜他的妻子如何回答?

"因为这条狗总是在院子里边乱跑边大叫,邻居们都非常厌烦它。今天隔壁家的女主人直接当面跟我郑重交涉,说这条狗异常吵闹,已经严重影响到他们的生活。所以,我觉得你必须把这条狗送走。"

至此，你会发现这个问题本身已经发生了微妙的变化，妻子并不是因为讨厌这条狗而和它势不两立，问题的症结是这条狗平日在院子里大喊大叫，吵扰到邻居，给妻子造成了很大的社交压力，所以她想要把这条狗送走。

因此，我们从问题的表象可以切入问题的核心，这个问题也从过去的貌似不可解决变成了可以解决。教授分析出妻子讨厌的不是狗，而是狗的不良行为给她带来的社交压力。也就是说，如果这条狗不叨扰到邻居，妻子就不会面临社交压力，那么她要求送走狗的原因也就消失了。

于是，教授向妻子许诺，他会尽快解决这个问题，同时提示妻子不要忽视狗的正面作用，比如对孩子们的陪伴。如果没有这条狗的话，孩子们会很失望的，到时候会有多少额外的损失啊？随后，他找到邻居，首先对自己家的狗大喊大叫吵扰到邻居的行为表示了歉意，同时承诺会把这条狗送到培训中心进行培训以解决这个问题。后来，经过训练，改掉了狗的一些坏习惯。教授家的这条过去总是爱惹麻烦的狗不再在院子中大吼大叫了。邻居对此没有意见，也就没有了抱怨，教授的妻子也接纳了这条狗继续成为家里的一员。

这个故事让我想起了一个有关橘子的故事。有两个人为了争夺一个橘子大打出手，二人势均力敌，战况空前激烈，围观的人无一敢上前劝阻。有位智者在旁驻足观看许久，忽然向其中一人发问:"你要这个橘子打算做什么呢?"这个人回答:"当然是吃橘子肉了!"智者又问另一个人:"你也是想吃橘子肉吗?"那个人回答:"我想要橘子皮泡水喝。"

"那你们为何不把这个橘子剥了,你拿走橘子肉,他拿走橘子皮,大家各取所需岂不妙哉?我相信为了橘子打架不是你们最终的目的吧?"智者说。二人恍然大悟,以此行事。就这样,一场争端和冲突被智者的两个问题顷刻化解。

其实,很多谈判死局变为活局的关键一步就在于洞察事件本身,你至少要尝试从简单的现象之中,甚至从对方的愤怒与抱怨当中洞察到背后的本质诉求。你大概率会忽然发现,其实问题远没有你想的那么糟,一切都是可以解决的,就这么简单。

我在工作当中曾遇到过类似的案例。某公司的一位供应商,讲述了他自己在做某个项目时的谈判经历。如果你对欧洲的商务模式比较了解,便会知道在法国、西班牙、德国等欧洲国家会有很多小的家族企业,这些企业都是世代传承,专注于生产各种零配件,且多用于航空和汽车工业。或许你乘坐的空客飞机的某个关键结构件就是这些名不见经传的小家族企业制造的。这些企业的规模都不大,但却有着悠久的历史,小而精,精而美。

当时这位供应商想收购西班牙的一家家族企业,那家企业的老板是一位和蔼可亲的西班牙老人。供应商给这位老先生开出了一个报价，这个报价与其他收购者相比还是很有竞争力的，他信心满满地拿着合同登门拜访，就等着老先生签字，即可大功告成。但令人沮丧的是，老先生拿起笔，思索了半晌之后又放下了，他不肯出售自己的企业！

问题就这样不期而至了，如果我们是这位供应商，应该怎么办呢？该怎么说服这位老先生呢？情急之下，供应商也没有更好的办法，继续探究新的方法显然是明智的选择，于是他和这位老先生闲聊了起来。

我们本能地猜测老先生不愿意出售企业只是一个表象，背后的原因可能会复杂得多，他不愿意出售自己的企业可能是想获得一个更好的价格，也可能还有其他因素阻挠了他的决定。

"我远道而来，给您这么有诚意的报价您都不要，如果您不愿意出售这个企业，为什么还要挂牌销售呢？"供应商问。

面对供应商一脸的疑惑，老先生打开了话匣子，开始讲述自己的苦衷。原来他自身还是很热爱自家这份事业的，也把自家祖传的企业视为生命中不可分割的部分，可无奈，儿子不喜欢继承祖业，而自己老了实在干不动了，只能被迫挂牌销售。在供应商和老先生深入沟通的过程中，老先生滔滔不绝地讲述自己从父辈那儿接手企业后一路走来的心路历程，言语之中洋溢着自己对这个行业和自家企业的感情。这些信息给了供应商一个巨大的提示，他逐渐意识到即便他再加码，开出比市场平均报价高出 30% 的筹码，老先生仍旧不会接受。

这个问题从表面上看，是因为一个"钱"字，其实却是因为"不舍得"。"不舍得"是因为老先生卖出这家企业的那一刻，也就意味着他和这家企业的关联"终结"，这与出卖自己孩子的感受别无二致。后来，这个问题解决了吗？当然！这个聪明的供应商紧接着反向调整了自己的报价。没错，他把价格压低了。你可能觉得这实在太疯狂了，但供应商提议给老先生一个荣誉董事长的职位，并且聘请他出任公司的高级顾问，同时在公司的大堂里保留他的照片作为回报。供应商提出的一切都在传递一个信息：您仍是这个企业中重要的一部分！

这个提议让老先生非常开心，他泪流满面地接受了这个更低的报价！因为所有权的转让并不意味着切断了他和这个企业的联系。供应商的提议不仅满足了老先生心中的诉求，也为自己挣得了额外的利润，一箭双雕，这一切都源于供应商神奇的洞察力。

很多时候，我们第一时间的"发现"不能切中要害，充其量只能算看到一个现象而已。问题在没有探明根本内在之前是无法解决的！这就好比你去医院问诊，你说你头疼，没有医生会立刻给出治疗方案，他一定会先要求你去进行全面检查，之后再依据检查结果对你进行诊断。因为头疼本身只是个现象，导致这个现象的原因却有很多种，可能是你受到了外部撞击，也可能是你昨天饮酒过度，还可能是你患上了感冒。因此，需要查明真正原因，才能给出诊疗方案。具备洞察力，是成为一个问题解决者的必要不充分前提。

令人感到兴奋的是，洞察力虽然仅仅是谈判思维的冰山一角，但它却有着莫大的实用价值。我们可以从一个表面现象洞见对方内心真正的诉求，可以用一个更小的代价达成自己的目的，结果往往是双赢的。

就像那位供应商邀请老先生继续担任自己企业的荣誉董事，是因为这位老先生称得上是业内翘楚。而且老先生自身在业界有名气，所以，选择保留他与企业的这种联系其实是在某种意义上让他为新企业背书，会给新企业的商誉带来无限潜在的附加价值，这就是谈判思维的魔力。

1.3
真正洞察对方的需求

如果前面分享过的几个案例已经让你感到震惊的话，我在这里可以负责任地说，这只是你对谈判能力价值的惊鸿一瞥。现在，我们可以真正引入首个谈判思维的基本原则，也就是解决问题的根本依据。投资界里有一句著名的广告："Buy on the rumor, sell on the fact."（消息证实前买进，证实后卖出。）相应地，商务界里也有，那就是："只有知道对方想要什么，你才能得到你想要的。"之前分享的几个案例，除了展现洞察力的魔力，也无不印证了谈判思维中的这一最基本的原则。

复盘之前那位供应商与老先生的故事，供应商想要什么？他想购买老先生的企业。但如何达到自己的目的？就是洞察到了老先生的内在需求，供应商满足了他的需求，最后才得到了自己想要的。

小狗的故事也是一样的，教授洞察到妻子的本质需求，满足了妻子要求，最后也达到了自己的目的，保留了这条狗。这些案例都印证了这句话：只有知道对方想要什么，你才能得到你想要的。

在写作的过程中，我总在思考本书能给读者带来什么价值，我认为不应局限于深刻且系统的知识体系，更应着重分享实践精神。就是这个看似简明扼要的原则，可以立刻给你创造价值。是的，其实你可以立刻把它用起来。

我曾经在参加某个国际展会的时候，巧妙地运用这个原则，达到了自己的目的。展会期间，在结束了当日的既定工作之后，我和同事去逛展会。经过某国际知名企业展台时，我立刻被华丽的布置和酷炫的灯光吸引了，忍不住驻足观看。

类似这种超级国际企业的展台布置总是很"高大上"，彼时的我突发奇想，给自己出了道题。依惯例，参展商在大型国际展会上都会给来宾准备一系列纪念品，尤其是那些国际大企业，还会给 VIP 客户准备很精美的小纪念品袋，里面会有印刷华丽的手册、印有公司 logo 的笔记本等，都是不可多得且很有纪念意义的东西。当然，他们绝对不会把礼物提供给一般的参展人员。

我给自己出的题是说服他们送我一份 VIP 礼物。这道题还是很有难度的。对方并不是与我的公司有过合作的供应商，也就是说，我们之间并没有任何的关联，那我要如何说服那些素昧平生的外国人给我 VIP 待遇的纪念品呢？从理论上讲不可能，对吧？但是，运用之前说过的谈判思维的基本原则，一切就变得有可能了。

在思考谈判策略之前，不妨先分析分析那些参展的项目经理，他们想要什么呢？你站在他们的角度上模拟他们的诉求，得从他们为什么花这么多金钱来参加这个展会想起。他们的核心诉求，当然是宣传自己的公司和品牌。那么提升了品牌知名度又有什么意义呢？自然是可以获取更多潜在的商务合作机会，这就是他们最核心的诉求。

那么，我可以满足这样的诉求吗？当然可以！因为我也是参展商，本身也从事国际贸易行业，所以我选择主动凑上去，询问一个项目经理他们产品的相关信息，以此开启对话。我问："你们的这个产品令人印象深刻，能简单地为我介绍一下吗？"看到有人对自己的产品感兴趣，对方就非常热情地做了介绍。

针对他介绍的内容，我用自己的专业知识给出了几句比较切中要害的点评，紧接着又建议他们考虑尝试一下中国市场，而我的公司作为中国的国际贸易公司也一直在寻求将优质产品引入国内市场的商务合作机会。

之后，我们相谈甚欢，在临别的时候，对方非常高兴地给了我想要的 VIP 礼包，同时我也获取了自己最关心的产品的重要信息。针对另外两个展商，我"如法炮制"，都斩获颇丰。

反过来，如果我直接向对方索要 VIP 物品，那会是怎样的结局呢？作为这次实验的对照，我刻意采取错误的谈判策略，针对另外几家展商进行实验，结果全部以失败告终，有的展商礼貌地拒绝了我的要求，有的则直接无视我。

利用一个原则来指导自己的思维方式，再用思考解决眼下面临的问题。在这个案例中，谈判的基本原则让我得到了想要的东西，反之，则只能让我无功而返，甚至在"谈判"中陷入尴尬境地。

1.4
谈判不止于辩论

"谈判和辩论有什么区别吗?"这是一个太多人询问过我或潜藏在我内心的问题。这两者究竟有没有区别?我的回答是:谈判,远不止于辩论!

我相信每一个优秀的谈判专家一定都是非常优秀的辩手,但是很多优秀的辩手却难以成为一名优秀的谈判专家。辩论和谈判最核心的区别是:辩论时,你从头到尾都不需要考虑你的对手的任何诉求。回望一些辩论比赛,虽然对抗激烈,过程精彩,但论来论去,有哪一次你的对手是真正被你的论据和阐述折服的呢?其实对方永远都没有认同或接受你的观点,只是最后评审、嘉宾裁定你获胜而已。

你有哪怕一次真正地说服你的对手,改变他的态度吗?恐怕一次都没有!你做的一切并不是靠洞察力和逻辑论述去解决问题,也不是靠你对对方态度的影响力去真正改变对方的想法，让对方接受你的观点。你所做的一切只是靠你的气势和表演创造激烈的对抗让观众的热情提升，同时征服评委而已。

留心各种视频节目中的辩论比赛，参赛双方都会有很多激烈的争论，甚至还会说很多过激的话，这与谈判的最基本原则背道而驰，显然我们在真实世界中创造价值的本质方式是解决问题而不是制造对抗，因此，谈判远不止于辩论。

辩论的本质就是一场表演，其矛盾迭出、一波三折的过程是所看之人想要的内容。而在现实中，残酷的国际商业竞争无时无刻不在告诉每个参与者，你最需要负责的东西恰恰是——结果。

现实中，很多优秀的辩手往往在后期工作当中或者在商务谈判时屡屡碰壁，原因就在于受制于原有辩论思维的局限性。他们虽然很会辩论，极善言辞，但是在战略层面上的思维认知有时反而受到禁锢。

但是谈判就完全不同了。还记得橘子的故事吗？倘若辩论高手遇到了那位智者面对的问题，看到两个人为争个橘子打得焦头烂额，以辩论高手的思维模式，他大概率会选择去吵，用大篇幅的语言论述为什么我要得到这个橘子，而你不配得到这个橘子，事事都求"辩"而不求"变"。

是的，很多辩论高手太过于局限于事件本身而没能跳出事件看问题本身。真正的谈判专家则会选择先沟通，沟通之后他会发现，这两个人索要橘子的目的是不一样的，一个人是想吃橘子肉，而另一个人呢，其实是想拿橘子皮去泡水喝。问题解决了，你拿橘子皮，我拿橘子肉，大家各取所需，合作愉快，这才是谈判专家该做的事情。只有做了这样的事情，才能真正消灭分歧，解决问题，带来实际的价值。因此，优秀的谈判专家虽具有极强的辩论能力，但那些只是他能力图谱的很小一部分而已。

三流的谈判者把事情搞成负和游戏，二流的谈判家能够赢得零和游戏，而一流的谈判专家会把事情变成正和游戏，实现共赢。如果我们没能领悟这些话的真谛，那恰恰证明我们还没达到足够的思维高度来看到它的正确性。不过这正是我们学习谈判思维的必要之所在，不是吗？

1.5
复杂性往往意味着可能性

．

"只有知道对方想要什么，你才能得到你想要的。"其实对于这句话，我个人认为它虽精妙却还不够完美，不如再加半句："很多时候对方想要的，远没有你想的那么复杂！"

此话怎讲呢？想想之前教授的妻子，严厉勒令教授把狗弄走，其实她只是不想让狗乱叫而已；那位西班牙老先生死活不卖自己的企业，你以为他是想狮子大开口要个十倍的价钱才肯出售，不，他只是希望在出售企业之后，仍跟这家企业保持某种联系。对方要的其实你都能给，而且还很简单。这就是谈判专家作为这个世界上最好的问题解决者需要具备的智慧。

只有棘手的问题才需要我们去谈判，那如何定义棘手的问题呢？如何定义错综复杂的利益关系呢？如何定义条目众多的分歧呢？如何定义扑朔迷离的事件背景呢？在面对复杂局面时，我们总会有一种主观倾向上的排斥，忍不住在心底抱怨："唉，这世间的很多事情都太复杂，人与人之间的关系也太复杂，我们喜欢简单明了的事情。"其实我们错了，只有复杂的东西才会强迫我们进行深度思考；只有深度思考，我们才有可能了解复杂背后的核心本质。讽刺的是，人们为了逃避思考而往往愿意做任何事情。我们总说谈判就是博弈，但凡想到博弈就会觉得那是零和游戏，每当提起利益诉求便会联想到钱。可叹这世间竟是如此多维和复杂。但有时对方的诉求可能是情感方面的需求，也有可能是因为缺乏信任所致，而不仅仅是因为钱。

复杂性其实并不意味着麻烦和不可能，而恰恰是因为这个世界上有很多复杂的东西，它们的存在才给我们带来更多的"回旋余地"。最现实的体现就是那位供应商收购西班牙小企业的案例。老先生要的不是钱，如果他只是单纯地想谋求更多的经济利益，而供应商无法给出更高的报价，是不是就意味着这个谈判以失败而告终呢？然而戏剧性的一面就在于他要的不只是钱，还有名誉以及与他珍视的企业继续保持联系的可能。这些要求，对方是完全可以满足的，一旦形成了共识，就会因此获得双赢。

复杂往往意味着机遇，这就是为什么在很多平常人看来是风险，而智者却认为是机遇；在平常人看来的风险之中，智者往往可以找出千载难逢的机会并抓住它们。每当我们在生活和工作中面对错综复杂的问题，本能地想选择逃避时，不妨再看看这个公式：复杂＝可能！

困难与复杂，即意味着机会！

1.6
锚定效应

谈判专家究竟是如何影响别人的想法和决策的？在得出答案之前，我们首先要了解一个重要的心理学效应，因为所有的谈判策略的制定与实施都会围绕它展开，即锚定效应。

锚定效应非常著名，它完美地揭示了人们对事物建立认知、进行判断或设定初始预期的内在规律。顾名思义，锚定效应指我们在对事物做出判断时，极易受第一印象或第一信息的支配，第一印象或第一信息就好似沉入海底的巨锚一样，死死地锚定了我们的判断。

常言道，先入为主，我们都强调第一印象非常重要，这也从侧面揭示了这一心理学现象的广泛存在。在信息不对称的前提下，利用锚定效应就成了最简洁以及非常有效的一种谈判策略。

以生活中最常见的场景为例，我们一定经历过在购买东西时跟商家讨价还价的博弈。一般来说，商家给出的初始报价都是可以"砍"的。一件漂亮的大衣，商家可能会给你开出 5000 元的报价，并驾轻就熟地"塞"给你一些"做工精美""材料上佳"等冠冕堂皇的理由。"经验老到"的你用"略带不满"的神情打量着这件衣服，生怕脸上露出丝毫满意的神情。随后，你开始砍价，心里暗自坚持这次要砍得狠一点，先砍 1000 元！于是你开口还价 4000 元，接着你来我往，最后的成交价格大概率就是各自出价的中间值，也就是 4500 元。这是很合理的预测，因为在单一变量的博弈之中，取中间值永远是对双方最公平的也是最会被接受的解决方案。看似你"赢"得了这场谈判，为自己省下了 500 元；商家的行为似乎也印证了你的判断，他肯定会抱怨"哎呀，我这次赔大了，真是不赚你钱"，一边迅速地把东西打包递给你，完成这笔交易。

要知道，没有一个正常的商人会热衷于做赔钱的买卖，那么问题究竟出在哪里呢？你觉得你成功砍掉了 500 元，获得了 10% 的折扣，是最好的结果。可如果我告诉你，这件衣服的进价成本可能只是 1000 元钱或者更低，你会怎么想呢？问题背后的玄机就在于该商家心知肚明衣服成本，因此自己开始给出的报价会虚高，不过他没指望顾客会立刻接受这个条件，但他仍坚持这么做的根本原因在于他要利用锚定效应，让顾客在这个物品的价值判断上产生偏差。

人们的判断总是潜移默化地受到第一信息的支配或影响，

即面对一个 5000 元的东西，你一定会把它定义为一件价值几千元的衣服。在没有其他信息对照的前提下，你绝对不会认为这件大衣只值几百元甚至几十元，因此你砍价的幅度会受到某种限制。回想一下我们买二手车的时候，几十万元的车肯定是以一两万元的幅度来砍，买几百万元的房子时肯定是以几万元甚至几十万元的幅度来砍。我们不难发现，人们砍价压价的幅度基本上处在这个交易物初始报价的 1%~10% 的区间里，这就是商家利用锚定效应对买者形成的限制。即便你足够精明，谈判伊始就砍个对折，而且你很强硬地没有任何让步迫使商家最终接受半价的条件，但请别忘记，商品的成本可能就只有 1000 元，2500 元的售价仍可以保证他 1.5 倍的纯利润空间，他照样大赚。

正所谓买的永远没有卖的精，卖方能够一直占据主动的关键就在于他的初始报价已经极大地影响了你对该物品真实的价值判断，而这个判断一定是远离实际成本区域的存在，卖方有足够的安全边际来和你进行谈判。我们总是说货比三家，其实就是在避免单独信息输入源造成劣势而被卖方价格锚定。可你有没有发现，早年间很多服装小店卖的衣服都是所谓的专属款，它们当然不会轻易给你通过对比来突破信息"黑箱"的机会，因此出售这样的服装带来的利润率也是极其可观的。

锚定效应不仅会被应用于小型商业场景，其实很多著名的快销品、餐饮、服装品牌也会采取类似的策略来完成跟消费者之间的"价格谈判"。

耳熟能详的星巴克的销售策略就非常典型地应用了锚定效应。其实消费者决定是否在特定商家购买商品就是一次谈判与博弈的过程,我们和星巴克早就针对一杯咖啡的价格,完成了一次次悄无声息的谈判。

早年间,如果你在星巴克买咖啡时仔细留意橱窗,会发现星巴克的价格表里总有一项"依云矿泉水",标价 20 元。20 元一瓶的矿泉水显然是非常贵的,你肯定会奇怪谁会在这里花 20 元买瓶矿泉水呢?而事实证明,你的判断没有错,基本上从来就没有人买过,它的销量比起咖啡简直可以忽略不计,但是它依旧会出现在星巴克的价目表里,甚至会被摆在很显眼的位置上,为什么?

大量的商业统计可以证实,消费者在每个商店里购买数量最多的产品,它的价格基本上都无限接近于这个商店里所有产品价格的中位数。是不是有似曾相识的感觉?太贵的买不起,且总给人一种过于奢侈和浪费的感觉;最便宜的不放心,有道是便宜没好货,好货不便宜。于是,中间价位的商品就显得性价比格外高。而那瓶依云矿泉水存在的最大价值,不是为了被卖出去,而是为了让那些动辄三、四十元的一杯咖啡看起来并不那么"昂贵",这就是星巴克早期为了让消费者接受高价咖啡而采用的定价和销售策略。

复盘一下顾客进入星巴克的心理活动状态。他们一进店肯定会先看最基本和最便宜商品的价格。看到 20 元一瓶的矿泉水时，他们会暗自觉得好贵，不过无论他们此刻的态度是积极的还是消极的，这瓶矿泉水的价格都会悄无声息地在顾客的心中建立一种价格参照基础。而后当他们想到只要在 20 元钱的基础上再加 10 元，就能喝到一杯浓香的摩卡咖啡时，在这种比较之下，咖啡的价格似乎就不那么难以接受了。再加上星巴克独具一格的产品包装和门店氛围等无形价值，此时也会给产品的价格背书，帮助它在消费者的心里彻底锚定 30 元的高位。因此，这瓶 20 元的依云矿泉水，就是一个锚，在它的价格衬托下，顾客会觉得 30 元钱的咖啡是可以接受的，这就是锚定效应发挥的作用。

很多高档餐厅里边，都存在着很多贵得离谱的基础消费品。如北京某人均消费 400 元的一家餐厅，一罐听装可乐的价钱居然高达 25 元。

曾经也有位创业的朋友问我关于服务产品定价策略的问题，他希望搞一次大型的户外亲子活动，但内部人员在活动报名的定价策略上产生了很大的分歧。有人认为应该靠低价来吸引更多的顾客，形成规模效应；有人则认为应该定高价。他来询问我的意见。相信掌握了这部分谈判思维的你应该已经可以回答这个问题了。对于这种新兴的事物，消费者在能接受的前提下，当然是选择定高价的。因为如果你选择廉价销售你的服务，那在消费者心里，你的服务也就只值这个价格而已。即便是真想让利于消费者，我们也大可以选择先高价再打折的方式进行促销，这样可以给顾客一种额外的获得感，增强他们的购买意愿。虽然这种营销思路已经不算新奇，但无论如何，这种策略要比直接低价的方案聪明得多。

　　由此可见，谈判思维其实一直都被人们极大地低估和忽略着。希望上述几个案例可以帮助大家更立体地理解谈判思维的概念，让它融入你的思维模式中，而不是只停留在表面的认知上。

1.7
开出"贪婪的要价"

如何在谈判伊始就占得先机呢？结合锚定效应的理论，一个最直接有效的方法就是学会开出"贪婪的要价"。"贪婪"到什么程度呢？就是让你自己都觉得："哇，我这次是不是太过分了？"好吧，如果你的脑海里闪现了这种想法，请再加码50%！假如此时此刻，你正在跟公司的人力资源经理谈薪水，你自认为月薪一万是个比较公平的结果，甚至有一点小贪心，在这种情况下，请麻烦你再加 50%，要求起薪 15000 元吧！为什么呢？因为在谈判的过程之中，谈判双方都有无数次的机会做出让步。

再剖析薪资谈判的局势，如果你要价 15000 元，即便对方砍掉 20%，你还有 12000 元的薪水可以拿，这个结果仍远高于你的预期。正如在星巴克的案例中，一般对于单一条件谈判的最终结果都会落在双方初始条件的中位数区间，如果你一开始只要价 10000 元的话，你给自己预留的谈判空间就过于狭小。人力资源经理此时开价 7000 元，并表示在你让步的前提下，他可以为你争取一定的涨薪额度。这时候，他明显做出了让步，那么为了表示合作的诚意，现在该你让步了，你打算怎么办呢？没办法，些许的让步都会让最终谈判结果无法达到你的预期，换言之，你已经输了。

甚至我还见过有的人在谈判开场就直接抛出自己的底线。这种做法无异于开战之前，就主动放弃了全部前沿阵地，任由对方直接把大炮架在你司令部门口。这种仗还用打吗？只要战端一开，再优秀的将军也会立刻变为炮灰。

借此案例，再提升一下认知高度来审视谈判的本质，其实双方角力的过程可以被理解为预期的控制与反控制的过程。你想出的各种理由和计策的终极目的无外乎让对方逐渐意识到这次在你这里他是得不到这么多的。随着他不断压缩自己的心理预期值，当最终和你的最后条件吻合时，你就赢得了这次谈判。

你的孩子本来认为你应该给他 20 元的零用钱，你通过你的坚持让他意识到这次他能拿 10 元就已经很好了，这就是谈判角力的过程，你在控制他的预期。这也是"贪婪的要价"最大的战略意义之所在——初始要求得多一点，随后可以退让的空间自然也就大一点。当然，由于锚定效应的客观存在，你要价 15000 元时人力资源经理对你的价值评估一定会比你要价 10000 元时要来得高，因为他对谈判的预期其实被你的"贪婪要价"影响了。这与我之前分享的户外亲子活动的定价策略如出一辙，如果你认为自己只值 10000 元，对方会觉得你就值 10000 元或更低。而通过一里一外的双重正向效应叠加，这个策略会给你带来足够的回旋余地和安全边际，甚至仅此一个策略，就能让你在今后所有的谈判当中，至少额外多收益 20%~30%。

事实上，我在首次应用这个策略的时候，就成功为我的公司节省了数万元的采购成本。那一次，我受公司售后部门的委托采购一套检测设备。在拿到供应商给我的初始报价之后，我决定为公司争取一些折扣。于是我向跟这个供应商有长期合作经验的同事咨询，我想知道这家供应商一般都会给我们怎样的折扣。我同事反馈，这家公司依惯例会给 9.15 折，也就是原价的 91.5%。有了这个概念之后，我就对谈判的结果有了合理的预期，而后再评估对方目前给我的报价，结论是：报价虚高。在梳理清晰自己的谈判思路之后，我拨通了对方销售经理的电话，寒暄之后便开门见山地表示作为他们的长期客户，我们一直都享有折扣，这次我要求比现价更优惠的价格。

对方爽快地答应了我的提议，但紧接着抛给了我一个难题："您认为多少折扣合适呢？"既然主动权给了我，那我自然选择开出"贪婪的要价"。我表示："根据之前双方的合作历史，一般你们都会给我们 8 折的优惠。"面对我的要价，对方沉默片刻之后表示需要请示他的领导，这个情况完全在我的预料之中，因为我的底线是91.5%，也就是说，只要最终得到这个折扣我就不算"亏"，但是为了确保我能在底线之上赢得更多，我就必须用"贪婪的要价"给自己争得更多的安全边际，因此，我选择直接以"8折优惠"作为我的谈判起点。

关于这个细节，我想强调的是在你尝试开出"贪婪的要价"时一定要给出相应合理的理由。卖服装的商贩会说自己的商品用料上佳、款式独特；星巴克会说自己的环境一流、咖啡口味属业内翘楚；寻求高工资的雇员一定会列举自己丰富的工作经验和光鲜的履历，这些都是确保要价合理性的"锚"。而毫无疑问，在合作历史上对方公司都会给予我们一定折扣，这就是我向卖方索要优惠的理由。

当然，对于这个大胆的计划我也准备了应急预案，如果对方否决了我的要求并表示双方公司的合作管理都是以9.15折结算，作为应对，我会很自然地表示由于自己刚刚接手这个岗位，很多情况不太了解，可能记忆有偏差，这只是最坏的打算。随后对方联系了我，并表示在跟领导谈论之后，他们认为8折的优惠实在过于苛刻，他们难以接受，不过可以给到8.7折的折扣。

面对这个令人喜出望外的结果，我没有立刻接受他的条件，而是表示这比我们预期的条件要低，我也需要跟自己的领导请示。10分钟以后，我带着非常"不情愿"的情绪跟对方表示："好吧，那就 8.7 折，因为我们对这台设备需求紧急，我也只能跟公司内部人员进行协调，下次希望您能给出一个更好的价格，另外请务必保证货物交付进度。"

前后不过 30 分钟的时间，我就让公司额外节省了将近 13% 的成本，因为这台设备的单价还是十分贵的，但节约的成本毫无疑问最终都会转化为公司真金白银的利润。

如果这个世界上有一种为自己赢得利益最有效率的方式，那一定是谈判，没有之一。

1.8
学会让对手赢

我想分享的谈判基础思维的最后一个要点是，在谈判结束的时候，你一定要让对手"赢"。这个"赢"并不是我们常规理解的含义，而是强调在谈判结束之后，应该尽量让对方感觉到是他赢得了这场谈判。

我意识到这个问题的重要性源于我跟公司的领导参加的一场谈判，其实我们的谈判结果还是很成功的，得到了超预期的成果。但到最后签字的时候，我看我的领导却犹犹豫豫，反复端详着这份合同，一脸的苦闷，好似拿在手上的是份不平等条约。签完字之后，他去和对方握手，连声称赞对方实在是太厉害了，令他招架不住，并恭喜对方赢得了这次谈判。

我很不解地向我的领导吐槽："明明是咱们赢了这次谈判，但看场面不知道的人还以为我们输了呢！"领导告诉我："道理很简单，以后我们公司还要在这一行'混'呢！"这其实就是谈判专家极具战略眼光和远见的体现。

我们会在谈判结束时让对方高兴，以求达到某种共赢的状态，有时甚至也会选择牺牲一些短期利益来换取长期的战略收益。设想一下，如果你的谈判对象在协议达成之后尽情嘲笑你的无能和软弱，那你觉得下次你们还会有合作的可能吗？或者说下次合作你还会接受同样的条件吗？必然不会！你会大幅压低你的出价，因为这次对方的做法显然证实了他还有空间让你压榨。所以说在谈判结束后让对手赢，你才算完成了一次完美的谈判，既赢得了现在也保证了未来，毕竟所有人都愿意和能让自己有所收益的人合作，不是吗？

想想那个明明大赚特赚，最后还一定要强调自己赔惨了的商家，想想我取得了比 91.5% 还要低的折扣却仍表示这次是因为时间紧迫所以无奈接受这个条件的表述，都是为了让对手有赢的感觉。当然，这一切的基础也都是建立在谈判开局我们勇于开出"贪婪的要价"之上的。至此，你会发现"贪婪要价"的第二个意义就是在谈判结束的时候更容易让你给对方胜利的感觉，因为你有更多的空间可以预留给对方，至少一个感受——他是赢家，对吧？

洞察力告诉我们只有看破事物的表象才能发现真正的问题；而只有具备这种能力，你才能真正知道对方想要什么；知道对方想要什么，你才能得到你想要的。锚定效应让我们知道，在谈判开场勇于提出"贪婪的要价"，会给我们赢得更大的回旋空间，而且还能在谈判结束时让对手有赢的感觉。

我们可以清晰地看到环环相扣、交相辉映的逻辑关系，所有当下的结论都与之前的推导一脉相承，它们一起编织成了我们需要学习的最基本的谈判思维逻辑。

1.9
请大胆尝试谈判思维

曾经有个哲人说过:"并不是因为优秀而成功,而是因为成功所以优秀。"我特别赞同,并且也深信不疑。我们想要具备谈判思维,或者是精进自己的谈判能力,永远绕不开的一点就是实践。

其实这里所指的成功并不是立刻拿下数千万的销售大单或者让卖方公司给你 50% 的折扣等显著业绩。你完全可以从很多不起眼的小事做起,例如在购买咖啡的时候询问对方有什么优惠政策,或者在航班晚点或延误的情况下为自己争取更大的补偿。

我在赴美留学落地华盛顿转机芝加哥的旅程中就遭遇过转机航班临时取消的情况,通过和机场人员的交涉,我不仅获得了免费的酒店住宿与通勤接送,还给其他 7 名同学每人都争取到了 30 美元的食品消费券。我知道很多时候你可能并不在乎那额外的几十元钱,但是我更在乎的是你是否有勇气、有意识地使用你的谈判思维,为自己争得利益。只有在这些小事上主动地应用你的谈判思维去解决问题,你才有可能在真正的商务谈判桌上施展你的能力。

谈判思维的价值不仅在生活中体现,在商务活动中亦会散发更大的魔力。我有一位朋友是清华大学的博士后,她曾经在美国做过访问学者,她找到我,说想给自己的教授写信推荐她的一个朋友赴美做访问学者,希望我对信的内容提一些建议。

从电子邮箱里打开这封信之后,我就决定用谈判思维给这封信进行彻底"美颜",让它改头换面。

从这封信的逻辑思维角度来分析,首先她选择开门见山地跟教授讨论推荐她朋友的事宜,我个人认为欠妥当。既然是写信,如果直奔主题,难免会给人一种无事不登三宝殿的感觉。我们要结合实际的社交情景来看问题,她和教授想必是自她回国之后许久未见,先行询问教授的近况才是上佳的选择,随后强调她跟教授那一年独特的访学经历令她收获良多,印象深刻,是她人生中最难忘的时光之一。以此为由,话锋一转,表示希望推荐她的一位挚友也跟教授学习,接受教授的指导。问候会让对方感到亲切,同时说辞有逻辑,那么,推荐挚友也去亲身体验这种"优秀",就显得很自然且有说服力,并充分照顾了教授的感受。没错,正如我在自己的另一本书《认知破局》中提到的,你此刻正在向对方"印发"你的"社交货币"。

我最近读到一本关于国内某著名的狼性公司员工工作方法的书籍，里面有一个案例值得警惕。这本书介绍了这个公司的某销售人员的"经典营销故事"，本意是想宣扬其迎难而上，承接客户一切不合理要求的狼性精神。可我在细细品读这个案例之后，倒是想建议这位销售经理考虑提升一下自己的谈判能力，原因很简单，任何缺乏智慧的勇敢都只能是鲁莽而已。

这位销售经理曾带着一份商务建议书向国外的客户进行产品推介。双方在某个非常细节的技术沟通上产生了严重的分歧，外方客户坚持要求针对某个功能点进行测试。从技术角度和业界惯例来讲，这个额外的测试其实并没有太多的实际意义，如果按照外方的要求进行测试，那整个项目的工作量会激增，更何况有公司的信誉和品质做保证，于情于理都不需要做这种测试。销售经理持续向对方解释不做测试的原因，一遍说不通，他选择说第二遍，两遍还说不通，他又说了第三遍，最后面部暴起青筋的他拿起笔在会议室的黑板上又写又画，详细地描述和推导整个原理，感觉像给小学生上了一堂技术科普课。而对方有点刻意为难这位销售经理的架势，矢口拒绝了销售经理的解释。销售经理气愤异常，他不明白对方也是技术领域的"老司机"，为何非得在这个地方如此"矫情"呢？

茶歇期间，外方客户的一名同行人员走过来与销售经理攀谈，表示他非常理解和认同这家公司的方案。在他看来，不做额外的测试其实是完全可行的。"不过我同事可能只是单纯地不信任你们的公司吧。"这位同行人员掐灭了手中的烟转身走出了会议室，留下了这样一句话。此时，这位销售经理开始笃定自己不被尊重，随即决定要和这位客户"缠斗"到底。

据他所述，他在返回会议室之后，有生以来第一次在客户面前说了脏话，而后他说："我会证明你对我们公司的观点是错的！"随后，他全盘接受了客户提出的所有额外测试的要求，须知这可是个工作量巨大的验证任务，代价是什么呢？代价就是相关的技术组的全组工程师连续加了近2个月的班，最后终于搞定了这个验证，也拿下了这个单子。

这位销售经理把这件事当成英雄事迹进行宣传，但在我看来，这真是头一次见到把如此失败的商务谈判解读得这样"清新脱俗"。对于全组技术人员加班加点地满足客户需求的工作态度，我十分敬佩，但是对于这位销售经理的行事方法，我保留自己的意见。原因很简单，全组技术人员"日夜兼程"满足的并不是客户真正的需求，而只是满足这位销售经理和客户赌气之后夸下的海口罢了。

通过那位销售经理的叙述，情商在线的人都能看出，他早就和自己的客户陷入了"困难对话"的模式（俗话中的"杠起来"），而他自己却浑然不觉。对方为什么坚持己见并不屑于给出相关的理由？那是因为销售经理的说话方式让对方感到不适，更何况他之后还挥舞着大笔试图教育客户。

只有知道对方想要什么，你才能得到你想要的。先暂停这部"戏",我们推测一下那位客户此时的内心独白。他会觉得这位销售经理很尽职尽责、认真投入吗?恰恰相反,他会觉得:"我作为一个专家,需要你这个外行以一副问责的口吻在我面前指指点点吗?"那位客户不满意的其实不是是否能进行额外的功能验证,而是对方的态度,这很有可能才是他持续拒绝那位销售经理的根本原因。

当然,这位销售经理没有理智地看出问题的症结,他最后以一种和客户赌气的方式简单粗暴地解决了这个问题。我不否认这次的单子的确是拿下来了,可代价又是什么呢?代价就是突如其来的工作量。公司因为这个项目额外产生巨大的运营成本;技术组的员工彻夜加班,他们本可以把这些时间花在更有意义的事情上。还有一个非常重要的问题,如果在这个项目上,他们以这种标准来进行功能验证,那其他的项目怎么办?以后的客户会不会都提出这种要求呢?那么,整个公司运营成本会呈指数增长,这是一个聪明的选择吗?显然不是!

哦,对了,千万别忘了那个"可怜"的客户,销售经理赌气似的答应对方的要求,对方就真的满意了吗?不。客户不会这么想,客户回到自己的公司后,一定会和上级与同事这样宣扬这件事:"那个销售经理自己觉得很了不起,但最后还不是在我强硬的态度下,乖乖同意把他们所有的功能都进行测试验证,对这样的销售经理,我们就得这么狠狠教训他。"无形之间,这位销售经理的所作所为极大地抬高了今后自家公司和客户的沟通成本。

　　显而易见,这种失败的谈判策略,最后的代价就是让公司的员工耗费了大量的时间精力。我不认为这样的结果会对双方日后更加长远的合作有任何积极的影响。客户要的是服务的良好态度,可惜那位销售经理自始至终也没有给,他自然也无法得到客户由衷的认可。

　　而这一切的源头都是因为他不具备谈判思维,缺乏洞察力,甚至不愿意尝试换个思路去解决问题,只是一味正面"硬怼"。他完全可以询问对方拒绝他的原因、对方的顾虑是什么,对方是否在理清了自己的思路、理顺了自己的心情之后,会同意你的方案,而不应该只是武断地认为对方就是单纯不信任你。

　　还是那句话,没有粗浅的现象,只有对现象粗浅的理解。当然,我并不想事后诸葛亮地强调,如果他当时采用了我的建议,一定能改善这个局面,但我觉得至少他不应该放弃尝试其他方法的可能性。古人有云:"上兵伐谋,其次伐交,其次伐兵,其下攻城;攻城之法为不得已。"因此,兵不血刃,方为上策。毫无疑问,运用谈判思维就是能在当下的商业战场之中帮我们达成"伐谋"的上上之策。

第 2 章

"合情合理"的说服力

2.1
紧抓对方的"痛点"

抓对方"痛点",方能高效沟通,巧妙说服。抓"痛点"这种思维方式,是我从商务谈判的领域获得的启发。我们公司的部门经理,是一位与欧美商务人士博弈三十余载,企业生涯总计签下 10 亿美元以上商务合同的谈判专家。他告诉我商务谈判的一句至理名言:"只有知道对方想要什么,你才能得到你想要的!"

我最早成功地运用这种思维方式帮自己"摧城拔寨"还是在赴美攻读研究生学位期间。当时学校里,每个教授的教学助理和研究助理都有资格获得学校的奖学金。获得奖学金就可以免去全部学费,每个月还会收到近 1000 美元的"工资",竞争之激烈是可想而知的,留过学的朋友们一定都知道。

有一天,得知教授刚刚结束自己的课程回到办公室休息,我就赶紧到了教授办公室。等我到教授办公室时，门外已经排了7位竞争者，还有一位正在办公室里与教授进行洽谈。我站在门口聆听了一会儿他的演说，通篇都是在讲，我一定要研究助理的职位，我成绩很好、能力很强，您一定要雇用我，等等。偶尔听到教授回应的言语，感觉比较平淡，似乎这样的论述很难引起教授的兴趣。后面的竞争者陆续进去，说的内容如出一辙，教授的反应也是越来越不耐烦。是啊，连续被好几个人要求提供奖学金，理由还这么直接，对谁来说都不是一个好的体验吧？

此时，我在思考自己的处境，我问自己有什么比那几个人更优秀的特质吗？我今天要求教授雇用我的理由和那几位竞争者相比，有何优势吗？我惊恐地发现我能给出的答案是否定的，那最后一个进去的我，结局会和前面几位不同吗？只怕是会更糟吧！想到这里，我立刻放弃了想做的事，回自己公寓重新思考谈话的策略。

我认为，既然从个人角度出发我并没有什么独特的优势，那就应该转换思路，从说服对象即教授的诉求角度来制定新的策略。教授为什么需要雇用研究助理？他需要一个什么样的研究助理？答案显然是他需要一个对他的研究课题感兴趣，并能协助他完成这个项目的人。想到这里，我一下就有了思路，我决定以对研究方向的讨论为切入点。于是，在一次课程结束之后，早就等在门口的我和教授开始了对话。我询问了很多有关他的研究课题的问题，却只字未提要求他雇用我当研究助理的事。可想而知，对于一位学者来说，再也没有比有人对他的研究感兴趣更美妙的事了。在他滔滔不绝地讲述自己的研究课题之后，我问了他一句：我能为你做什么？

是的，和那些要求教授雇用自己的竞争者不一样，我反其道而行之，主动表示想要帮助教授做点什么。随后教授就表示，他的现任研究助理即将毕业，如果我感兴趣的话，可以先到他的实验室做一些基础工作。我欣然答应了这个请求，后面就水到渠成了。在合作了两个月后，我向教授提出了做他研究助理的请求，教授反问我："不是你，还能是谁呢？"

复盘这件事，我从众多强有力竞争者中脱颖而出的制胜关键是我找到了正确的说服逻辑，抓住了教授的"痛点"——他的现任研究助理即将离职，他需要一位对他的研究课题感兴趣，并能协助他完成这个项目的候选人。而我通过对他的项目表现出的兴趣和之后两个月的行动获得了教授的肯定，提供了他想要的价值，最终我也得到了我想要的！

预期控制理论，在这个场合也发挥了辅助作用。因为和那些只会围着教授要工作提要求的竞争者来说，我是第一个不提自己的要求反而提出要帮助教授的人。用时下很流行的"谷阿莫体"来说，教授此时的内心独白一定是：你看这个人好单纯好不做作，和外面那些只会缠着我要工作的人完全不一样呢。

在这个反差之下,我显得更有竞争力。没错!那些人错误的策略给教授设定了一个很低的预期,进一步增加了我的说服力。这个研究助理的岗位也直接为我带来了近 30 万元人民币的经济收益!

2.2 发现新的目光

真正的发现之旅并非发现新景观,而是要有新的目光。这句话出自法国大文豪马赛尔·普鲁斯特。我们在与说服对象的沟通陷入僵局时,换角度会成为一个独具智慧的选择。换角度?有很多人在沟通方面提出过这个理论,但是怎么换角度却没有人给出一个透彻的定义。

我认为,换角度就是从对方的价值认知体系出发。你说服对方的理由对方必须承认,而人们只会承认符合自己价值体系的观点,要不然为什么在现在的人际关系之中,很多人的交往底线都是"三观"要合拍呢?

如果你是星巴克的咖啡销售经理,客户向你抱怨:"凭什么你的咖啡卖这么贵?"你打算如何应对?你能告诉顾客是因为店面租金高、装修费贵、宣传成本高吗?这些是事实不假,羊毛出在羊身上的道理所有人都懂。但是从顾客的价值体系考虑这个问题,他花钱买这杯咖啡,更看重的是这杯咖啡自身的品质。

店面租金高,装修费贵,宣传成本高,这些都是由于商家想要更多地售卖自己的咖啡造成的,为什么要让我来为你想多赚钱的意图买单呢?

如果想说服这名顾客,你就要从对方的价值观出发,说出符合他的逻辑的理由才是上策。你可以说,我们制作咖啡用的牛奶是进口的,经特殊工艺脱脂加工,健康美味,卡路里还低。咖啡用的原料质量好,成本就高,售价也自然水涨船高。这个理由就合理得多,健康美味的原材料符合消费者买这杯咖啡的价值诉求,低卡路里还附送了防止肥胖、保持良好身材的额外价值。如此,这杯咖啡似乎就不那么"昂贵"了。

还有这样一件事。

20 世纪 20 年代末,伯奈斯受到美国烟草公司的邀请,帮他们促销女性香烟产品。他需要克服的最大障碍是,吸烟是大多数"有身份"的女性的禁忌,整个社会对女性吸烟总体上也是持否定态度。但伯奈斯魔法般炮制了一个传奇计划,将吸烟和女性自由画上了等号。

在 1929 年复活节的游行活动中,伯奈斯请来了一位时髦的女士,扭动着腰肢走在第五大道上,惹人注目地喷吐着被他称为"自由火炬"的香烟。这次营销活动取得了巨大的成功,该公司的女性香烟当年的销量增加了 300%,甚至整个产业的份额都大幅增加，伯奈斯真的改变了社会对女性吸烟的看法！

伯奈斯为什么会成功？因为他用新的眼光看问题，如果伯奈斯只是简单地试图去打破女性与吸烟之间的社会禁忌，那么他不得不对抗的就是根深蒂固的社会信念。他成功地说服了美国人从女性和解放的角度思考吸烟这件事。

伯奈斯巧妙地把女性吸烟与自由和平等嫁接了起来，引导全社会以一个全新的角度来看待这个问题。

真正的发现之旅并非发现新景观，而是要有新的目光。成功的说服背后是智慧的沉淀。我们需要擦亮自己的眼睛，时刻怀有新的目光。其实，所谓情商，不外乎就是你站在对方立场上看问题的能力。

2.3
画面感与决策权

　　画面感越强，决策权重越大。每当全球范围内发生大规模空难时，我们都会发现人们关于航空安全的讨论不绝于耳。在看到那些空难的照片后，我在乘坐飞机时总是不禁为自己飞行的安全感到担忧。但理智的人应该知道，大数据的统计早就告诉我们，你在飞机上的安全系数是远大于你乘车的安全系数的，甚至比你待在家里还要安全。简而言之，朋友送我去机场，在飞机上的我其实要比独自驾车回家的他安全得多。理智的人应该根据概率做出判断，但遗憾的是，对于绝大多数人来说，画面感越强，决策权重越大！

　　普林斯顿大学的心理学团队曾经做过一系列心理学实验，是为了回应芝加哥大学心理学团队提出的"满溢意象"会完全盖过人们对可能性的承担的结论，其中有一组实验的结果很有趣。

请比较一下这组结果的现金等价物估值：

① 有 21% 的概率赢得 100 美元。

② 有 84% 的概率赢得 100 美元。

实际上，这一组的选择结果毫无悬念，"有 84% 的概率赢得 100 美元"的收益期望是远大于"有 21% 的概率赢得 100 美元"的。一般在涉及金钱的问题时，人们对概率的敏感度很高，因为他们可以轻易计算出确切的预期值。

再来看这一组。

请比较一下这组结果的现金等价物估值：

① 有 21% 的概率在下周一收到一个内含 100 美元的粉红色大信封。

② 有 84% 的概率在下周一收到一个内含 100 美元的粉红色大信封。

实验结果证明，在这个案例中，人们对概率的敏感度会更低，因为与"一笔钱"这个抽象概念相比，粉红色大信封能引起人们更为丰富的想象。其实，人们在大脑中"勾勒"这个事件时，即使知道赢的概率很小，奖品的生动画面也会浮现出来。事实证明，当你的脑海中闪现某个事件的生动画面时，这个事件不发生的可能性带来的影响同样很生动，这就是过度权衡效应。

增强的可能性效应与增强的确定性效应相结合以后，决策权重很难在 21% 的概率和 84% 的概率之间发生改变。我们如何以某种既定的方式去勾勒这个画面呢？讲故事往往是勾勒这个画面最高效的方式。我们都说语言是一个民族文化的基石和灵魂，但其实人类文明最核心的传承载体不是语言，更不是文字，而是它们最终形成的产物。没错，那就是故事！

最初我们的历史都是经过无数的说书人讲述，口口相传的，无数的神话和传说皆来源于此，文明即是故事，而故事即是历史。有一种理论甚至认为，人类文明之所以能够不断发展进化，其根源就在于人类会讲故事。爱讲故事自然是因为我们爱听故事，因此显而易见：当你想要说服一个人（提高他的决策权重）时，讲故事的效率要远高于列举数据。

如何叙述一个更加动人的"故事"，有效勾勒最生动的画面呢？有两个核心要素，第一个核心要素是这个故事最好能和被说服者之间产生联系，以便激发他们的共情心理。举个例子，宣传、教育汽车驾驶员开车时必须系安全带。早期的公益宣传会专注于列举数据：80%的驾驶员在交通事故中丧生都是因为没有系安全带。估计你听到这样的数据不会太在意，原因很简单，无论多少人，这都仅仅是个数字。

但如果我说："你还记得咱们的邻居吗？那个×叔叔，小时候还带你去玩的，上周因为没系安全带在一次交通事故中丧生了。"虽然这只是个例，但我相信对你的触动远比你听到数字反应要大。

故事和冰冷的数据相比，与被说服者之间存在更强的联系。每当提起故事里的人时,他往日的音容笑貌立刻在你脑海中浮现,仿佛此人言犹在耳,这时我告诉你,他因为驾驶汽车没有系安全带而丧生,会让你产生巨大的触动,同时共情效应发挥作用,你会开始恐惧自己不系安全带会造成和他一样的后果。因此,在心理学效应的作用下,"开车要系安全带,否则我就会像×叔叔一样在交通事故中丧生"这个因果逻辑便会根植于你的大脑。这就是故事带给听众带来的心理冲击,它顺理成章地引导所听之人得出因果逻辑推论。

曾经的一个心理学的测试也佐证了我的观点,这个测试的目的是测量人们所谓的道德感是不是一视同仁的,该实验选择了一批道德水平非常高的英国绅士,他们会在预先毫不知情的平静状态下忽然被告知两个消息,测试他们对这两个消息的反应。

第一个消息是,非洲的某地暴发了瘟疫,短短10天内已有2万人丧生。当听到这个消息时,这些绅士都表达了惋惜和悲痛之情,但情绪并没有发生很大的波动。第二个消息是,英国伦敦滑铁卢火车站发生恐怖袭击,目前已有5人丧生,现场情况尚未明朗。当听到这个消息时,机器可以检测到这些人中的绝大部分心跳加快,呼吸急促。"天啊,我的妈妈住在附近!"大部分的人都变得更情绪化,对这件事感受到的痛苦和焦躁程度要远高过对第一个消息。此时,这些英国绅士已经忽略了非洲那里的2万遇难者,而都在关注伦敦的5个人。

客观分析这个实验，理论上第一个消息中死亡的人数更多，事态更恶劣，从传统的道德角度讲，我们理应对它做出更悲伤的反应。但事实是，受测试者基本没有人去过非洲，很多人对瘟疫也没有太多的认知，这则信息无法诱导他们在脑中勾勒出残酷的景象，所以"2万人"就是一个数字而已，这个数字是"2万"也罢，"10万"也罢，对他们的情绪影响都不会有本质的区别。但伦敦恐怖袭击就不一样了，伦敦作为英国首都和这些英国绅士有着很强的联系，他们中的很多人一定都去过，甚至就居住在伦敦，更不用说有一个受测试者的母亲就住在"事发现场"附近。所以说，一个事件能否影响人们的判断，它和说服对象之间的联系强弱是决定性因素。

第二个核心要素是故事的画面感要强，一个浅显易懂的道理就是有细节的内容更可信。一个朋友邀请你明天中午去看一场电影，如果你不太想去，将如何找借口拒绝呢？"我明天有事，去不了啦"，这显然是一个很糟糕的借口，因为有事这个原因过于笼统，缺乏必要的细节，你的朋友很自然地会把它判定为一个借口。这样，你不但拒绝了你的朋友，驳了他的面子，更糟糕的是，你还欺骗了他，你和他的关系估计要蒙上一层阴影了。

一个比较好的选择是，你可以告诉他明天你要陪你妈妈去医院做体检，上个月就约好了。这个理由就十分充分和可信。首先，"医院"是个确切的地点，比起"我明天有事"，这个实际信息的可信度要高很多；其次，"上个月已经约好"这个客观事实也符合先来后到的基本原则；最后，"陪母亲去体检"符合大家公认的"孝"普世价值观，结合换角度的理论，你的朋友自然也会认同这个价值观。所以用陪母亲体检婉拒朋友的这个建议就是一个不错的选择，既达到了你的目的，也不会得罪朋友。

我有一位在微软工作的朋友，曾经跟我分享了一个故事。他们公司的高级销售经理向一位客户推销微软的云服务，但他遇到了一个十分棘手的说服难题：客户向他表示，另一个云服务供应商给他的报价只有微软的一半。赤裸裸的价格劣势让每个销售人员都很头疼，但这位销售经理意识到这位客户真的是在大力拓展海外市场，尤其是英国的市场。"微软可以帮助客户打开国际市场"这个附加价值是可以作为一张牌打出去的，但如何打这张牌是成败的关键。

大多数人都会说："我们能给你带来更大的市场，我们能给你更极致的客户体验，我们能提供最佳的性价比。"但实际是，这些营销术语往往毫无辨识度可言，你在说，你的竞争对手也在说，可因为缺乏画面感，它们会显得苍白无力，这么"出牌"是无法构成强大而有效的说服逻辑的。

当然，这位销售经理也很有意思，他说："微软可以帮助你打开全球 100 个城市的市场，可以带你的老总敲开伦敦市长办公室的门，而那家公司可以吗？"打开全球 100 个城市的市场是一个确切的信息，比起帮人开拓市场的套话，更能让听众看到达成这一目标的可能性。最妙的还在后半句，"带你的老总敲开伦敦市长办公室的门"，或许这位客户正苦于难以和伦敦市开展合作呢，这句话完美勾勒了一幅画面，让这位客户忍不住畅想自己下一秒就走进了伦敦市长办公室，向市长推介自己筹划已久的产品。很有诱惑力，是吧？此刻的客户一定会忍不住对自己说："我要让这一切实现！"那还有什么理由不选择微软呢？当欲望被点燃，实现的路径又是那么清晰时，一切都会顺其自然！

　　强链接和画面感，是一个具有说服力的故事最重要的两个要素。

2.4
有共同的诉求就是朋友

有一句古老的商业名言说:"在相同的情况下,人们愿意和他们的朋友做生意;在不同的情况下,人们仍愿意和他们的朋友做生意。"据说,50% 的销售或合作都是因友谊而促成的,但我个人认为,实际中这个数字只高不低!

职场中,我们的沟通对象往往并不是我们的朋友,或者说在沟通之前,我们并没有足够的时间来和他人建立友谊以助力这次沟通。但请记住,敌人的敌人就是朋友,这句话背后揭示的逻辑就是当具有共同的利益诉求或价值观时,人们往往会选择合作和接受。因此,当我在和自己的客户、同事、合作伙伴沟通时,应尽力避免对立,或者要在分歧中寻找共同点,这样能成为决定沟通成功的关键要素。

你的谈判对象未必是你的对手。我们在进行商务谈判时,尤其是进行物品或服务买卖类谈判时,最容易陷入所谓的"价格困局",即谈判双方已就这次合作的其他事宜以及合同的标的达成一致,仅仅是在价格上僵持不下。双方僵持对峙,互不相让,局面似乎很明朗,你之所得即我之所失,但其实如果我们从更大的格局来看这件事情,双方根本不是敌对关系,而是盟友。

2015年末,我一位在外企工作的朋友在和他的英国供应商进行设备采购谈判中陷入了典型的"价格困局"。朋友所在的外企要求对方在标准的目录价格基础上给予20%的折扣,但遭到了对方的坚决反对。幸好,他们团队的主谈人员机敏地跳出了这个困局。

从本质上来讲,他们购买这家公司的产品也是为了执行自己的商业逻辑,他们的产品最终也会成为他们卖给用户的一部分,其实是双方合作从用户身上盈利。两方一起分蛋糕,谁都想要切得更大的一块,如何解决?可以选择做一个更大的蛋糕呀,这样双方的所得都会增长!因此,他们的说服逻辑就是:如果供应商给予他们更低的价格,就能降低他们最终交付用户的产品价格,这样产品的性价比会更高,客户的满意度也会提高,复购率更会提升,更多的潜在客户会陆续购买他们的产品。

因此,虽然对方在单品的价格上给予了更多的折扣,但是可以在未来稳定地获得更大的订单,这样供应商的利益才可以最大化。我的朋友那方为了佐证自己的推论,还列举了几封用户抱怨产品价格过高的信函，以及一张过去几年产品成交数量和价格的关系图。最终，他们成功破局，对方同意给他们 20% 的折扣。

在任何看似对立的局面里，都要尝试寻找双方的共同点并尽力让对方承认。对立与合作是相对存在的，会随着你看待问题的角度和格局发生微妙的变化，唯一不变的是人们在具有共同利益诉求或同等价值观时，才会更倾向于选择合作和接受，反之则是对抗。求大同存小异，这句话背后的大智慧皆在于此。

20 世纪美国著名的黑人领袖弗雷德里克·道格拉斯说："如果我能说服别人，我就能转动整个宇宙！"

灵活运用高效沟通的思维方式或许不会让你立刻转动整个宇宙，但确实会帮你"搞定"那些曾经"搞不定"的人或事，让你"摧城拔寨"，乘风起航！

2.5
"损失厌恶"

之前的四种思维方式,其实始终围绕的核心都是"价值"二字,抓"痛点"是发现对方的价值需求,换角度是从对方的价值体系出发给出说服理由,讲故事是把你提供的价值包装得更为诱人,而找共鸣则是强调共同价值(利益)。而合情合理中所谓合理,无外乎让对方觉得采纳你的意见有利可图,那不就是有价值吗?

以我的价值说服理论体系为例,大家或许在实践中还会面对这样的疑惑:"有些时候,我绞尽脑汁,也想不出对方到底想要什么,或者说,确实我也无法给对方提供什么价值,又或者对方其实什么也不缺。"当然是存在这些"可能"的,而且这些"可能"还比较常见。

面对这个疑惑,在谈完"合理"之后,是时候再来探讨"合情"这个概念了。把思路进行一次反向拓展,借用社会心理学和行为经济学当中的相关结论，一个非常重要的行为经济学研究——"损失厌恶"或许会成为这个问题比较合理的答案。

损失厌恶的主要结论其实是基于把人类的心理感受量化，然后针对量化值进行对比、分析，最终得出研究结论。根据美国经济学家卡尼曼、尼奇和塞勒的研究，"损失厌恶"是指人们面对同样数量的收益和损失时，损失会更加令他们难以忍受，而同量的损失带来的负效用为同量收益的正效用的2~2.5倍。

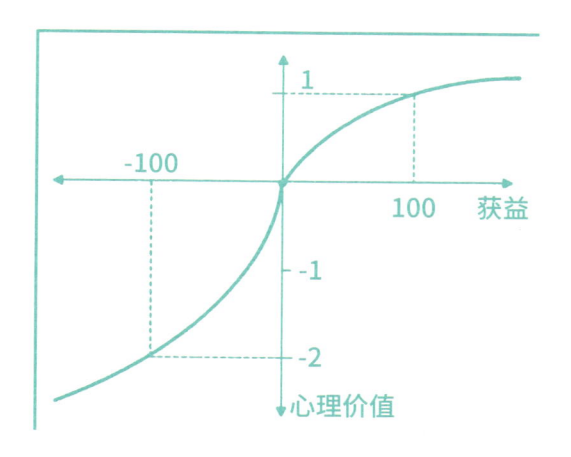

损失厌恶反映了人们对损失和获得的敏感程度的不对称，即面对损失的痛苦感要大大超过面对获得的快乐感。

从上图中可以看出，随着人们收益的增长，人们愉悦程度的增长速度是较低的，因此整个增长曲线比较平缓，同时由于边际效应的存在，后期增长的幅度更是无限趋近于零。但与之形成鲜明对比的是，当人们遭受损失的时候，痛苦值增长曲线就会变得十分陡峭。

　　如何具象化这个概念呢？假如我赠予你 10 元钱，如果此时量化我这个行为给你带来的愉悦程度的话，这个数值是 5。如果我从你手中夺走 10 元钱，你遭受的损失给你带来的痛苦程度可能是 10，甚至更多。你的得与失，虽然从绝对值上是相等的，但是你的快乐和痛苦程度却并不对等。而你遭受损失时的痛苦感越强烈，也就意味着相比额外的收益大，人们更在意避免那些潜在的损失，这就是"损失厌恶"。

　　人们对潜在的机会总是将信将疑，缺乏尝试的动力，但对很多不太可能发生的风险却草木皆兵，甚至愿意花大价钱来规避它们，这也是损失厌恶的一个侧面印证。同时，损失厌恶也是让我们过度沉溺于"沉没成本"的决定性因素。据统计，大部分在婚姻中遭受家暴的一方会选择容忍，即便从理性上讲，离婚这个选择应该会极大地改善受家暴一方的生活状态，然而，受害者顾忌到自己已有的巨大付出，即离婚的损失巨大，多半都会选择继续维持婚姻。

　　花 40 元钱买一杯咖啡，喝下第一口之后发现和自己的口味预期相去甚远，但考虑到已经花费了足足 40 元，不喝完这杯咖啡会很"亏"，于是选择硬着头皮喝掉它，即使这杯咖啡给你带来的实际效益已经为负，即每一口对自己的味觉都是一次"摧残"。

这也可以揭示为什么企业和机构的改革总是会遇到极大的阻力，让既得利益者集团损失利益必然是很艰难的事情。那么"损失厌恶"可以用来帮助我们说服他人吗？显然是可以的！从说服力的角度来看，如果你可以巧妙地点出不接受你的建议会给对方造成的损害，往往就能在说服他人的过程中产生奇效。

有一个非常经典的谈判案例，苹果公司的创始人乔布斯曾想说服时任百事可乐副总裁的约翰·斯卡利加盟自己的公司，此人当时是百事可乐盛极一时的风云人物。面对乔布斯的邀请，这位副总裁有许多顾虑，毕竟当时苹果不像现在这般如日中天，而百事可乐却早已是一家声誉卓著的国际化大公司。

发动想象力来模拟一下这个情景，这时候，如果按照之前的价值理论来制定谈判策略，乔布斯能给斯卡利什么呢？说服百事可乐公司的副总裁是一件十分困难的事，根本原因就是他基本上什么也不缺，乔布斯的提议很难给他更多收益。超高的薪水和职位，这些苹果可以开出的条件，百事公司也可以提供，而且早就提供了。直白地讲，苹果给不了斯卡利什么额外的好处，那乔布斯最终是如何说服这位副总裁加盟苹果公司的呢？

这时候，乔布斯采取了"损失厌恶"的反向价值逻辑说服策略，就是说我不打算告诉你，接受我的提议对你会有什么价值,我反其道而行之,尝试着去提醒你,不接受我的提议你将会有什么损失。乔布斯很淡然地问斯卡利:"你是想卖糖水度过余生,还是想一起来改变世界?"

也就是说,他在用这句话暗示这位百事可乐的副总裁,你选我可能不会获得额外的经济价值,但是你若拒绝我的提议,你丧失的会是改变世界的重大机会。这种青史留名的机会立刻让斯卡利心跳加速,为什么呢?因为像他这种级别的人,个人财务的积累已经不再那么诱人了,他更迫切想追求的是更进一步的自我价值实现,也就是马斯洛需求曲线的最高层。以他的位置,他可以调集足够的人力资源和资金去做他想做的事,因此做一件普通之事对他而言成本不高,但不做一件更成功之事却是很大的损失。此话怎讲呢?如果斯卡利因为跟"卖甜水"的事业"死磕"10年而错失用智能手机改变世界的机会,那么这对他而言才是巨大的损失。经济学上早有定论,所谓的成本就是放弃的最大价值。甜水再甜,它的社会价值也是难以和个人电脑匹敌的。由于"损失厌恶"的心理效果加持,对斯卡利而言,丧失如此一个改变世界的机会将是痛彻心扉的损失。

利用"损失厌恶"效应的反向价值说服,在很多情况下都是破局妙招,即不再强调对方的收益而是反其道而行之,暗示对方如果不采纳我的意见,可能会有什么损失。作为对该策略的实践,我在自己的实际工作过程中也曾成功运用此策略。

某年,我的公司急于和外方签署一份商务合同,当时已到年关，经过几轮的谈判，双方对价格问题的讨论都已经接近达成最终的协议，但仍存在一些分歧。僵局之下，所有的理由都已说尽，公司本能地认为应该换个思路。随后，我联想到对方毕竟是私营企业，每年年底的效益考核应该就是悬在员工头上的达摩克斯之剑，在我面前的这几位也不例外吧。这个项目毫无疑问在他们的绩效考核之列，因此不能达成协议对他们的个人收益肯定是有影响的。更重要的是，在席间闲聊的过程中，对方的主谈人员向我抱怨如今生意难做，恰逢市场行情处于谷底，年关将至也没能拿出值得称道的业绩。于是，我打算从私人立场的角度尝试"撬动"他，我以一种关切的口吻建议他："这事如果尽早完结，那对你年底来说也算是个不小的业绩啊，对吧？"我的这句话表面上是关心他，实则打算借此诱导出他的年关绩效恐惧症。他以目前的条件跟我们签合同或许不算太有利可图，但如果他现在不跟我们签合同，他年底的效益很可能完不成。如果他最后全年业绩报表为零，那我保证他年底拿到的奖金也会是这个数字，搞不好还会被降职。

根据"损失厌恶"的论述，损失带来的可是同比收益双倍的心理压力，因此面对损失的痛苦会严重地影响他的决策。最后，他思考再三还是答应了我们的条件，并和我们签约。

关于"损失厌恶"的行为经济学结论形成的归因，我借此分享我个人的思考，以便读者日后能更有效地运用这个策略。我认为这种收益和损失的心理权重不对等之根本原因就在于，相比于你已经拥有的东西给你带来的价值的体验感，未得到的会给你带来的快感缺乏足够的想象力，实际上这两者之间是很难画等号的。

举个简单的例子，如果我打算奖励你一辆兰博基尼跑车，你肯定会欣喜若狂，你之前没有任何驾驶兰博基尼的经历和体验，此时你对能驾驶它的感觉，只停留在一种粗略的想象上。无论你的想象力有多丰富，比起现实的全方位体验，永远是匮乏的。因此，这时倘若我撤回我的这个奖励，不再奖励你这辆车，你并不会太失落。而这个事情变成我要奖励你一辆普通的汽车方便你上班代步，但又改变主意撤回这个奖励，你会非常痛苦，你的失落程度会远大于不让你开兰博基尼，为什么？因为会开车而完全没车的体验大部分人是有概念的，天天乘坐交通工具被人挤的画面总是历历在目！

这世间最大的理解莫过于感同身受，所以当我要把奖励你的车拿回的那一刹那，你在乘坐交通工具时的那些痛苦感受便立刻会浮现在你的脑海中。

"损失厌恶"存在的根本原因，就是毕竟从一个人的身上夺取他已经拥有的东西，他会非常痛苦，因为他已经习惯拥有这样东西的状态，他已经充分地感受到拥有这样东西的喜悦和便利，如果这个时候他失去这样东西，那就是切肤之痛，就好像从他身上割下一块肉一样。但是额外的收益就好似我往你的身上贴一块肉，毕竟之前尚未经历，如果最终没有发生，那倒也无关紧要，因为看上去你并没有真正"损失"什么。

说服力是谈判能力体系中最重要的一环。具备说服力的人其实就具备了领导力，为什么？相信很多人在企业工作中都深有感触，如果你想搞一个项目，你需要不同部门的人员和资源去配合你，如果你有说服力就能让各方同意配合你，这其实就是在调动资源。而理论上，只有领导才能调动资源，因为领导所谓的权力就是对资源的调动权。所以如果你可以说服同事配合你的工作，你就是有领导力的人。领导力是一种选择，而不是表面的符号。毫无疑问，一个具有说服力的人就是一个具有领导力的人。

第 3 章

如何应对
谈判对方的施压

3.1
情景的力量

我们总会遇到这种体验：在跟谈话对象沟通之前明明思路清晰，预先总结的各种理由也十分充分，逻辑头头是道；可当开始真正沟通时，对方总是很难被你说服。看对方那得意表情，或笑容渐失的样子，你之前的准备似乎都变得徒劳。是的，你感到自己的交流沟通和谈判能力似乎永远都停留在纸上谈兵的层次，而这究竟是为什么呢？我根据自身的实践和思考，以及对一些相关书籍的查阅与研读，思考出了原因。

我选择从社会心理学的角度进行阐述，很多时候我们无法用自己的言辞影响别人的决策，是因为我们在说辞的逻辑之外忽略了情景这个因素。

千万不要低估情景的力量，假如你是一位星巴克的售货员，你打算如何把甜点卖给女顾客身边的小孩？其实你并不需要组织太有逻辑的说辞，大可以直接跟这位母亲说要不要给你的孩子买个甜点。很多小孩都喜欢一款小猪造型的蛋糕。在真实的场景之下，大部分家长是会考虑购买的，不过从妈妈的角度来讲，她的购买行为并不是被你的言辞说服的，她也许是一位对"孩子吃甜食"抱有负面态度的家长，那为何我仍坚持认为她大概率会购买呢？

我们设身处地地模拟一下当时实际的场景：在星巴克的咖啡店里，很多顾客都环坐在柜台附近，他们桌上摆满了刚刚购买的拿铁咖啡、蓝莓芝士蛋糕，有些家长正在尝试唤回在店内奔跑玩闹的孩子，尝试在他玩耍的间隙里让他多吃点东西。你身边的孩子显然会对店员的提议很感兴趣，如果从你的嘴里说出的是否定的答案，那大概率孩子会哭会闹，以至于在场所有人都会将目光聚焦到你这位"吝啬"的母亲身上。一想到将被众人以这种原因关注，想必你已经感受到了很大的压力，"乖乖就范"会成为你"逃离"这种心理不适感的最佳选择。

我们在自己成长的道路上难免会迫于无形的压力做出很多有悖于内心的决定，这其实就是情景的力量，它给你带来的心理不适会在很大程度上影响你的判断与决策，所以，我们一定要本能地选择放弃理性来寻求安全感。

在心理学研究实验的历史上，有一个著名的米尔格伦电击实验，数名被随机挑选的实验者被邀请参加一个名义上的"科学实验"。实验者依次走进一个小屋中，暂且把这些实验者称作 A。而这个实验的组织者 B 会预先挑选一名演员 C，作为被电击的人躺在椅子上。等实验者 A 进入小屋之后，B 就会以命令的口气对 A 说道："整个实验过程中请严格服从我的命令，我们这个科学实验的主要目的是测试人体在不同电击程度之下的反应，务必按我的要求按下既定的按钮！"演员 C 只是躺在屋里假装"被电击"。随后实验开始，真正的实验者 A 在组织者 B 的命令之下先按下了一个电压比较低的按钮，但那个演员 C 却会"表现"得稍微有些痛苦。

在实验者 A 面前，这若干个按键上显示的电压强度是依次增加的（当然实际电压都是安全的强度），最后一个按钮显示的电压值显示足以致命。组织者 B 随着实验的进程要求实验者 A 依次按下那些按钮。值得一提的是，这个实验中抽取的实验者大多是大学生或大学教授，理论上，这些人应具有较高的道德水平且受过高等教育，拥有独立人格和判断能力。当然，为了确认这一点，组织者 B 甚至在开始实验之前，邀请实验者做了一个问卷调查，来考察他们的道德水准和独立判断能力，结果是百分之百的被试者都认为自己拥有绝对的独立思考能力和良好的道德水准。

当实验者在按前几个电压较小的按钮时，演员 C 就已经"表现"得非常痛苦了，而在组织者 B 以要求 A 绝对服从的口气命令继续按最后那个最致命的按钮前，我们可以先预测一下实验结果会是怎么样的。我本人预测大概只有一半实验者会选择拒绝，另一半实验者会乖乖服从。

然而，最后的结果令我非常震惊，65%的人选择了服从，并按下了那个"致命"的按钮。那些没有服从的实验者，不是拒绝了这个不合理的要求，而是因为他们中的大部分人在"高压"之下，已精神崩溃，或哭泣着或瘫软在地上，被动地未能按下电钮。这就是情景的说服力或者说是强迫力所致人的行为不同。我们千万不要妄想自己可以成为那个"例外"，往往当你抱有这种想法的时候，你总会被现实"教育"。

现实生活中，临行前志在必得的面试、薪资谈判、商务推介等，都是想象中的结果，等你真正亲临现场，我唯一敢保证的就是事情从来都不会依照你写的"剧本"发展，现实总会有能力让事情发展的方向远远背离你的预期。

3.2
系统 1 与系统 2

在情景的力量这个社会心理学的因素之外,我会从人类大脑思考判断的内在机制和逻辑的角度来阐述"为什么我会经常做出错误的决定"。我想先邀请大家思考一个问题:"你认为你是个理智的人吗?"我曾经把这个问题抛给了身边的很多朋友与同事,没有人说自己是不理智的,这完全在我的预料之中,毕竟谁会认为自己是个任性者呢? 70% 的人认为自己绝对理智,30% 的人则认为他们相对理智,但经常会做出很多非理智的判断。

事实确实如此,我们在绝大多数情况下都是"非理智的"。多年以来,心理学家一直怀着极大的兴趣关注着我们的认知过程,经过研究发现:**我们大脑在做决策的过程中其实倚仗于两种截然不同的思维模式——直觉和理智**。从传统意义上讲,直觉产生"快速和关联"的认知,理智则被描述为"慢速和规则支配"。通常来说，心理学专家把它们分别称为系统 1 和系统 2。人类大脑的系统 1 和系统 2 的概念在很多著作中都有广泛提及，比如诺贝尔奖获得者丹尼尔·卡尼曼在其所著的《思考，快与慢》，还有美国著名心理学家、心理学会主席菲利普·津巴多所著的《态度改变与社会影响》。

这些著作中的理论，和我对自己种种亲身经历的感悟都不约而同地指向一个共识：系统 1 的思维方式简单、直接，快速运行，其特点就是快速思考，会很快地对外界的信号做出反应；而与之相对的系统 2 则可以理解为我们认知过程中的深度思考，逻辑性更强，适用于分析复杂的问题。

系统 1 的最大特点就是响应十分迅速，而且几乎不消耗任何能量，对此比较直观的描述就是"很省劲"。举个例子，当你们看到我的脸时，会很快辨认出我的身份是王达；我问你们 1+1 等于几？你们会迅速地告诉我答案是 2……你思考了吗？你当然思考了，但很快，快得好像根本不是你的大脑给出的答案，像是你的本能在回答我的问题。

这个不假思索的过程就是系统 1 在完成自己的工作。可如果我的问题是 12400×578 等于多少？或者是这类问题，对如今飞速发展的人工智能，你觉得它们未来会以什么方式在哪些领域率先取代我们呢？你绝对不会立刻告诉我答案，你会进行真正意义上的思考。当你"感到"你所需要回答的问题十分复杂或者深刻时，你会感觉到头疼，这种情况是因为你在启动系统 2，而它才是真正解决复杂问题的主角。

认知的努力是一个心理工作，就像其他所有工作一样，我们中有很多人在工作中觉得越来越艰难时，就会变得越来越懒惰，因此，使用系统 2 要求很强的自我控制能力。持续的自我控制的努力并不是一个令人愉悦的过程，如果我们被迫一次又一次做同样的事情，我们的自控力就会下降，最终即便是很多所谓的"聪明人"，也会选择妥协并满足于先前系统 1 给出的类似于直觉的答案，随即停止思考。因此，很多时候我们所谓的不理智行为，例如脑子发热的"冲动消费"行为，其根本原因便是本应系统 2 处理的事情，你却选择用系统 1 替代它进行了"简单粗暴"的回答。

我在美国留学期间和朋友们的一次购车经历就是极具代表性的案例。在美国，由于诸多城市的公共交通十分不便利，而超市、商场等必要生活场所又普遍远离居住区，非驾车而不能至，绝大多数长居的留学生都会买车作为代步工具。

我和朋友来到车行，遇到一位身着棕色西装的典型美国白人 dealer，也就是我们熟知的销售。他不遗余力地向我的朋友推荐一辆二手的粉红色甲壳虫汽车。起初，我们一致认为车行给出的价格有点高，而且这辆车的实际车况也很一般，里程数也超过了 10 万英里[1]，总体溢价 1500~2000 美元，性价比并不高。但这位销售用富含情感和抑扬顿挫的英语不断"轰炸"我们的耳朵，而我的朋友是女生，这辆车的颜色让她"印象深刻"。这位销售貌似洞察到了这一点，他把这辆粉红色的甲壳虫鼓吹成稀有物种："感谢上帝，如果你们晚来半个小时的话，我打赌一定会有别的女士把它买走！"这种"稀缺性"带来的压迫感让我的朋友头脑一热，把这辆车买了回去，其实就连我自己的脑中都浮现出驾驶这辆粉红色甲壳虫在校园内穿梭的画面了，比起千篇一律的外形中庸的车和大轮毂汽车，开这么一辆车去上学还真的蛮有个性的。就这样，这位销售最终成功向我们推销了这辆车。

　　是不是觉得有什么不对呢？这就是我们常犯的决策错误，我管它叫逻辑错配。针对购车案例，我和朋友最初的购买逻辑是"我们需要一个代步工具，所以我们要买车"。但实际上，我的朋友下定决心购买的逻辑却演变成了"这辆车是粉红色的，我很喜欢，所以我买了它"。这就是逻辑错配，仔细回忆我们本来想要购车的目的吧，如果为了购入这辆车，你需付出的成本是 5000 美元，那么你为"代步工具"这个使用价值付出的代价就是 5000 美元。因此，如果你以"代步"的购买目

---

[1]　1 英里约等于 1.6 千米。

的为前提，相比其外表，你更应该关注这辆车的实用性，譬如它的油耗、车况及安全性，因为你买这辆车的目的是代步，应该考虑所有与之相关性高的因素。

人花钱购买车是因为人对车功能的需求，而不是因为喜欢它的外形，但我们冲动的系统 1 却总会给这两个问题画上等号。明明是价值需求消费，最后演变成了情感需求消费。当然，选择粉红色的车也是有"价值"的，因为你喜欢粉色给你带来的愉悦感，可是你要为这个粉红色额外付出 2000 美元的溢价，你觉得值不值？更讽刺的是，从实用角度来说，你基本只有站在车外面时才有可能欣赏到粉红色，可不巧的是，你大部分与这辆车共度的时光却是待在它里面，你并没能欣赏到粉红色，那它也很难通过自己的颜色给你带来心理上的愉悦感。

其实，你完全可以选择只花 300 美元把你的卧室贴满粉红色的墙纸，这样，你天天都能看到粉红色了。

总而言之，能不能高效地帮你完成代步这个任务才是你做决策的判断依据，而不是车的颜色。所以，这次购车的决策从根本逻辑上讲其实是错配的。也难怪人们总是会在那些能说会道，满脸堆满笑容的销售的"建议"下，花费很多额外的代价去购买其实自己不怎么需要的东西。当然，几乎没有当事人会承认这些事情，即便真的后悔，也没有人会在亏了钱之后主动承认自己是个傻瓜！

很多时候，我们被人推销购买了很多并不需要的东西，就是因为我们系统 1 做出了武断、直觉化的决定，把一切问题都简化为"我们是否喜欢这个东西"，而这本来应该是系统 2 用需求和成本分析来解决的问题。人们总是近乎偏执地认为那些外形靓丽的艺人拥有更好的影响力。在电影中为什么形象比较伟岸的人一定就是正面人物，而坏人总是萎琐？其实本质上都是因为靓丽的外形让我们的系统 1 产生了足够的好感，进而认为美好形象背后的一切都是美好的、积极的！这也是令很多局外人迷惑不解的地方，人的职业素养高低与他的外形本不该有任何的正相关性。但因为系统 1 的存在，人会因为某人的外形而喜欢他，进而肯定他的一切，而这一切终于有了看似合理的逻辑链条。

这也是为什么我们进入了一个"颜值即正义"的世界，因为相比于有趣的灵魂和独特的才华，美丽的皮囊不仅更容易获得，更重要的是，和前两者对比而言，它可能只需要几秒就会让一个陌生人喜欢你，进而肯定你的一切，这也意味着更好的传播属性和更高的效率，这是商业运作追求的极致，而这也可以解释为什么明星们越来越只注重外表形象，而不再注重所谓的内涵了。

让我们把这一切上升到谈判实战的讨论中来，很多谈判新手在谈判的过程中被别人"收割"的最重要原因就是他们的系统 2 压根就没能在决策过程中扮演重要角色。知乎上曾就"读书无用论"的话题有一次非常激烈的讨论。我们受的高等教育其核心是在锻炼人独立思考和判断的能力，其本质也就是在锻炼人运用系统 2 去判断与分析的能力，这也就是为什么受过高等教育且具备相关领域专业知识的人是最不容易被一些简单的骗术和"套路"迷惑的人群。因此，有人提出"读书无用论"，恰恰只能证明提出这个观点的人的系统 2 已经基本丧失功效了。

有位著名的哲学家曾经说过，人们为了避免真正的思考，愿意做任何事情。而避免真正的思考，指的就是不愿启动系统 2。"我都这个岁数了，没法学新东西了"，这是最常见的借口。而这些借口无一例外地指向一个事实，那就是，我们都有巨大的动力倾向于只依靠系统 1 的快速判断来解决问题。由此可以得知，大多数的人在大多数情况下是不理智的。

3.3
高压困局

目前已经完成了从社会心理学和人类大脑的决策机制对问题的剖析，那我们该如何在与他人的谈话交流或谈判的过程之中快速地破除强势对手给我们造成的压力呢？提供一个重要的方法：在每次谈判和谈话的进程当中，如果你明确感觉到迷茫或者受制于对方的压力，明显感知到心理上的不适，此刻要学会停下来，并立即反问自己，我是不是得到了我想要的东西呢？目前的局势距离我的本质需求到底是更近了还是更远了？

在米尔格伦电击实验当中，假设你是实验者 A，当你面临那种压力时，当你内心产生面对绝对的权威你必须服从命令的倾向时，你一定要学会立刻停下来，质问自己："如果我按下这个电钮，引发的后果和我本质上想要的东西是否有什么关联？"你一想便可得出理智的判断，继续按电钮可能会谋杀一位实验参与者，而你最初的想法只是参与一个科学实验而不是来杀人的，对吗？因此，眼下你下意识地服从的倾向显然和你的根本诉求是背道而驰的。比起你因谋杀一个人而要背负的刑事责任，眼前的压力就显得微不足道了，如果你能及时将思路调整回这个轨道，那即便这个命令让你感到巨大的压力，你也是会选择抗拒的。

还举我朋友购车的例子，虽然那辆车的外形令朋友心动不已，她跃跃欲试想要体验拥有它的感觉，脑中不断浮现自己驾驶这辆粉红色甲壳虫汽车奔驰在各条大道上的画面。但在此时，一定要定神重新梳理自己的决策逻辑："这个决定看似十分诱人，但是我做这个决定带来的效用和我本来想要的东西是不是一致呢？"如果思索正确答案的过程能有效地"唤醒"系统2开始工作——我额外花费了2000美元是不是为了获得更有价值的东西？

结果你会发现，这多花费的2000美元和你买车代步的基本诉求几乎毫无关联。"哦，看来我花额外的2000美元只是把车变成了粉红色，而且甲壳虫这款车的车内空间并不大且不实用，我多花了2000美元还给自己找了个麻烦，这个选择似乎正在离我真正想要的渐行渐远！"相信经过这番思考，就会做出正确的决策。在这个过程中，你其实是在强迫自己的系统2取代系统1进行分析、判断和决策，而这一切才是真正的理智思考，你会发现自己好像刚从一场梦中惊醒。

3.4
"绞杀"策略

要想应对强势的人,我们必须先懂得他们强势的原因。优势谈判理论中有一种最基本的手段,也是很多强势的谈判"老手"常用的"套路",我把它命名为"绞杀策略",本质是虚张声势,趁谈判对手立足未稳之时先行破坏你的节奏。

这个"套路"对于新手来说往往很有效果。当你正在会议室里为你的潜在客户做产品推介时,你严格地按照事先演练了很多次的程序进行推介,并不时与对方确认眼神以"保存"他对你的 PPT 的注意力;当最后一页"感谢"出现在屏幕上时,你长舒一口气,感觉如释重负。然而就在此时,对方板着脸非常强硬地说:"我觉得你应该给我一个更好的报价。"紧接着,他闭上嘴,这种沉默足以把 1 秒钟拉到 1 年那么漫长。这其实就是给原本信心满满的我们一个不折不扣的下马威,不是吗?在这种情况下,绝大部分人担心丢失成交的机会,因而面对突如其来的变故立刻就范，做出让步。我之所以将其命名为"绞杀"策略，是因为这就好像在你猝不及防之际，一个人忽然从你背后把你勒住，你无法呼吸，脑中一片空白，难以做出任何抵抗的措施，对手将你一招毙命，把你绞死，而你连说遗言的机会都没有。

我在实战谈判当中就曾使用过这个策略。有一次，我和自己刚开辟的新供应商商谈采购合同，我要求他针对几个我们有需求的物项进行报价，我脑中清楚地记得这个公司的销售经理在跟我们面谈时一再强调，他们能给出的价格在所有竞争对手当中是最优惠的。要知道，对于这种绝对的表述我向来是很警惕的，作为设备原生产厂和用户之间的媒介，我深知这些供应商的生存之道就是管控渠道，随之带来价格信息不对称造成溢价，所以其实没有绝对意义上的最优惠价格，作为买方只有越强势，才越有可能争取到真正"优惠"的价格。

基于这一点判断，在接到他的初始报价之后，我决定尝试一下"绞杀"策略。我拿起工位上的座机听筒拨通了他的电话，一开始我以一种平淡且略显失望的语气告诉他，这个价格和我们接收到的其他供应商提供的价格相比，并没有多令人惊喜。"我认为你应该给我一个更好的报价。"说罢我就刻意选择了沉默，3秒钟之后，对方表示可以再给我额外15%的折扣，事情就这么简单。

实际上，他最初提供的价格还算比较优惠，但正如我在介绍"锚定效应"时说过的，每个精明的卖家的报价显然都是留有余地的，甚至有广大的"余地"，而这些余地在谈判结束之后将全部变成他的利润。

余地究竟有多少？我不清楚，只有卖家自己最清楚。因此，在那种情景之下，我直接驳回他并用沉默给他带来极大的心理压力，这种气氛和这种强有力的回击会给对方某种错觉，就好像我预先看到了他的底牌。而处于慌乱的状态之下，人们会不自觉地急于做出自己能接受的最大幅度的让步以保全交易的达成，这或许就是"绞杀"策略的精髓吧。

不过我想重申的是，这个策略我在首次使用并确认其有效性之后就弃用了。为什么呢？因为我意识到这个策略最佳的使用时机是在双方初次合作的时候，更重要的是，它和我们"让对手赢"的原则严重不符。从之前讲述的谈判思维相关内容中不难看出，我坚持认为真正的谈判专家是一个问题的解决者，而不是把事情都做成零和游戏的人。我们应该更好地做大"蛋糕"，而不是只会切更大的"蛋糕"，毕竟那样格局就太小了。如果你选择和任何一个商业伙伴建立长久的业务合作关系，那么用你的"强硬"去逼迫他就范，显然不是一个明智的决定。不能让对方感觉自己"赢"的人，迟早也会输得很惨。

3.5
如何应对比较强势的人

据一些大职场社交网站的统计和报告显示,大部分职场人都苦恼于合作伙伴、客户、同事以及其他各种谈判沟通对象态度的蛮横和强势,甚至可以说有些惧怕。我自己在知乎接收到的私人咨询占比最大的主题之一也是:"如何应对比较强势的人"。

面对这类问题,我首先想说的是,遇到难缠的谈话对象,在任何人的工作、生活中都时有发生,事物发展本应如此。但如果你已经先入为主地认为对方很强势,那其实此刻你已经陷入一种困局之中,即你已从心理上把自己摆在了弱势的一方。正如"绞杀"策略的运用一样,其实你的谈判对象很可能除了强硬的态度之外并没有其他的牌可以打,但你先把自己吓退了。

我从个人工作和生活的经历中总结了两个应对强势谈判对

象的策略，第一个也是最为直接的策略就是，我们可以陈述自己的理由来回应对手的强硬。什么叫陈述自己的理由？其本质就是拒绝让步的一种方式。有很多理论派的谈判专家会告诉你"不要轻易退让"的原则，但这种空洞的建议往往没有任何实战的价值。我们当然都知道不能退让，但在高压的情境之下，我们总会不自觉地想退缩、让步。那么，如何守住自己的阵线呢？试想，如果你直接否定对方的观点，那极有可能会立刻引起矛盾，显然易于屈服于对方强势态度的你更不可能是吵架的高手了，因此选择陈述自己的理由就是一个非常好的方案了。我们可以以柔克刚，削减对方的锐气，也给自己减压。

在"绞杀"策略的案例中，如果我是那位供应商，在面对客户要我给一个更优惠价格的要求时，我也会本能地紧张并不禁在内心嘀咕："难道他知道我的底价？"当然，这是不可能的，他只是试探我是否为自己留有余地而已，因为没人会做赔本的生意，何况他只是表示我的价格不是那么优惠，却没有给出具体的理由和数据，对吧？如果我们的思路从起初的怀疑调整到了这一步，那就完全可以陈述出我给这个价格的依据了。我可以向他表示，我提供的价格已经比几位业界同行要低（列出几个已知的信息），同时运输条款也更优厚。更重要的是，由于原材料价格的上涨，拿货的成本更是水涨船高，但由于我们之前有储备现货，因此除了价格低这个优势之外，交付周期也很有优势。

总之，可以给出一系列的理由来支撑我报出的价格，这么做的言外之意就是：你可以认为我的价格不够优惠，但比起之前你粗暴地甩给我一个强硬的态度，此时如果你想驳斥我的观点可就没这么简单了，你需要拿出真凭实据来反驳，否则你光靠压我就想让我就范那是不可能的。

井井有条的论据毫无疑问是给故作强势的对手出了一个大难题，同时也避免了你的直接回绝可能造成的矛盾或冲突。这可以说是典型的"围魏救赵"策略，你用你的理由给他出一道难题，不但危机自解，还能防守反击，反客为主。

应对强势对手的第二个策略会很有趣味，它需要你的一些幽默感和创造力，那就是我们要学会在谈判的过程中适时适度地"调侃"对手。须知，直接的粗暴回应往往只会引起情绪上的对抗，我之所以一再强调避免陷入与谈判对象情绪上的对抗，是因为往往当你的谈判对象在态度上和你对立之后，你随后的任何话语和说辞他都会自动以一种负面的态度去解读，那还有何效果可言？而选择调侃对手结果就会大相径庭了，你的黑色幽默一则可以有效控制场面，甚至还能化解尴尬的气氛；二则能在不让对手生气的前提下，将你希望表达的信息无损传递，从而达到你所期望的既定效果。

我曾经和某外方供应商谈判商讨一个历史遗留的款项支付问题，对方给我们开出了他们所谓的官方账单，其中有一项名为"财务费用"的收费项数额不菲。我定睛一看，原来这项费用是按 10% 的年利息对尚未支付的款项进行计息。如果现在支付这笔所谓的财务费用的话，以当时款项的数额为基数，我们每年要再支付 10% 的费用，这简直就是在抢劫。他们将"10%"这个系数的来源解释为原材料和人工成本随通货膨胀的自然上涨指数。我当时"仰天大笑"，随即表示，这部分款项未能结清首先是双方共同造成的历史遗留问题，不应由我们一方来承担。

逻辑分析已然到位，但如何出牌向他们有效而无损地传递取消这笔费用成为随之而来的问题，我可以选择对外方说："你们甭跟我这儿忽悠，10% 的利率？你当我是傻子吗？"如果我选择这样沟通，那结果一定是他们将严厉指责我的无礼，然后以此为由避重就轻和我争吵起来。

倘若这般，我方有理也变没理，更不用指望对方会慎重考虑我方的观点了。所以，我采取调侃对手的策略，我是怎么调侃的呢？当时我是这么说的："10%！天啊！你们把这些钱存在哪个银行可以获得这个级别的收益啊？你告诉我，我也去存钱，一年增值 10%，你要知道这比 90% 的基金和股票业绩都好！"显然，我的调侃让他们意识到了他们的要求有多么荒谬，对于我的调侃，他们没有正面回应。当第二天我拿到新的款项统计单时，10% 的财务费用已经被他们删除了。

类似的境况在谈判的过程中时有发生，合理合情地调侃对手绝对是沟通的艺术，更是你个人情商高低的现实写照。

我曾经听过一位业内前辈分享自己的有趣经历，在他参与的一场跨国合作项目的谈判中，双方都拿出了详尽的数据来证明自己的价格要求非虚。对方的谈判专家是一位犹太人，他的讨价还价甚至精确到了每颗螺钉的成本。犹太人的精打细算，前辈算是亲身领教了。然而，困境时刻，我方的谈判专家忽然话锋一转，开始调侃起那位犹太人的"精明"。他问对方："您知道剔排骨的情形吗？"对方一愣，显然还没有从刚才的成本战的思绪里转换出来，在沉默两秒之后，他回答道："我当然知道啊，我还亲手剔过排骨肉呢！"我方的谈判专家开始借势调侃："您砍价的力度就好似把排骨都剔白了一样。"这个比喻特别形象，一般剔排骨肯定都是剔下红色的肉，除非最后剔得肉和筋一点不剩了，才可能把骨头剔白。用这么一个形象的比喻，来委婉地讽刺对方一点利益都不给合作伙伴留的极端算计的谈判风格，真是再合适不过了。显然，这个比喻深深触动了那位犹太人，后来整个谈判的气氛从之前的针锋相对变得缓和很多。事实上往往也只有在这种情况下，人们才能更客观地接受现实，那位犹太人自己后来也意识到如此锱铢必较是不可能获得对方配合的。

所有的谈判和沟通，只有在避免双方陷入态度对立的前提下才可能达到目的。很多人喜欢在每次谈判沟通的开始就把对方的观点和诉求全盘否定，那毫无疑问，对方对你的看法和态度就只有对抗了。在这种情况下，你认为你的长篇大论会有人听得进去吗？设想一下，我要和你交流沟通一项工作应该如何开展，但我上来就"盖棺定论"："你的方法根本不对！"你之后还听得进我的话吗？你是绝对听不进去了，你满脑子里一定都充斥着"这人好自大""你有什么了不起的""你的方法也不怎样啊"等一系列类似的想法，因为你已经主观认定我和你是对立的，我之后提出的建议，你肯定全部会从负面的角度去理解和解读。试问在这种情况之下，我还有可能达成说服你的目的吗？显然是不可能了。

学会调侃对方会让你在传达自己意图的同时不会激怒对手。你在跟对方交谈的过程中，切记绝对不要先发火，因为你的怒火总是会使你与你的目的渐行渐远，让场面变得看似你很理亏。比如在很多辩论赛中，参赛双方吵得不可开交，甚至最后有人会破口大骂。

心理学上有一个原则，那就是一旦有人破口大骂，往往说明这个人此刻已经无计可施，他实在是找不出任何有说服力的理由了，连他自己都心虚。因此，面对这种只会发火却拿不出其他实际筹码的强势谈判对象，我们反而应更加冷静，因为他已经底牌出尽，再没有任何多余的筹码和我们对抗了。那我们呢？只需要坐等，最后他会被迫接受我们开出的条件。

3.6
新手生存法则

　　如果你是一名谈判新手，我建议你熟记六个原则，从而精进自己的谈判能力，优化谈判的结果。

　　第一个需要铭记于心的原则是，你的底线是你的最高机密。泄露底线对于任何谈判场景来讲都是灾难性的，但事实上，很多企业的高层都会采用自己真正的底线作为谈判的初始条件。

　　假如在某个商务合作项目当中，买方的谈判人员向卖方表示，他们最多可以接受对方 500 万元的报价，这个数值确实是经过财务测算之后的临界值，确实是买方的底线，但谁会在谈判伊始就相信这个事实呢？卖方很自然地会根据买方的开价来制定一个很有针对性的初始条件。譬如卖方可以表示他们的官方目录价格为 700 万元，由于买方是这个产品的首发用户，可以考虑降价到 660 万元。卖方已经很有诚意地先让一步，来而不往非礼也,买方就这样被"做了局",夹在中间左右为难。面对卖方的让步,买方必须有所回应才能促成这笔交易,但是此时他们任何的让步都是在"割肉"。

这就好比两军对峙,战端未开,一方就先行放弃了全部前沿阵地,直接选择退到自己的大本营门口与对方决战,这不是"自寻死路",还能是什么呢?

这也正呼应了在谈判思维中曾经反复强调的原则:"要学会在谈判开局时,开出一个足够'贪婪的要价'。"这就是在给自己预留足够的战略回旋余地。谈判这场博弈的本质是双方互相"探底"的过程,在牌局中被看到底牌的一方必输无疑。玩过扑克牌的朋友们都深谙个中玄机;谈判的逻辑也是大抵如此,一旦明确"摸到"你的底牌,那理论上,就可以用极小的让步来将你预留在底线之上的余地全部清空,而丝毫不用顾忌这么做可能会导致你提前离开这场牌局而使合作告吹的潜在风险,因为此时我们只要相信在底线之上,就仍有利可图。因此,在谈判中,请像保护生命一样保护你的底线。

第二个原则是,在谈判的进程当中,请时刻关注自己此刻得到了什么。在所有沟通的进程当中,譬如你跟领导谈工作、和同事讨论分工、跟客户进行日常商务沟通,在真正的谈判实战当中,在情景的压力以及现场气氛的影响之下,很多预先的话术和方法可能会被你忘得一干二净。这就好比两人对弈,起初还能按着招式一板一眼地落子,可随着棋局的深入,整个场面的发展会远远超出计划。既然不能按照即定的招式来下这局棋,高手都会重新审视和分析目前的局面,对自己进行定位,再思索见招拆招的策略。而在谈判过程中,时刻关注自己得到了什么,是一个非常重要的自我定位手段。

曾经有位朋友跟我讲述了他的一段经历,他和他的上司商谈关于个人岗位调度的事宜。上司希望把他调到一个新的岗位上,这个新的岗位的业务模式跟以前相比有巨大的变化,其中最明显的改变就是新的岗位偏前端的技术支持,需要经常出差,而他因为刚刚组建自己的家庭,对新的工作模式并不是很接受。但最终谈判的结果是他被上司说服了,可在他做了决定之后,他又很后悔自己的决定。

整个谈判初期过程波澜不惊,他的上司向他提出了转岗要求,他因为个人缘由婉拒,双方各执己见,谈判陷入僵局。但他的上司显然不想就此罢休,沉默片刻后,忽然向他提出了一个问题:"假如你面前有条水流湍急的大河,河上有一座桥,只是上面满布铁钉和木刺,可是你必须要到河岸对面去,此刻你有三个选择,第一个选择是你光着脚走过去,第二个选择是你穿着一双铁鞋走过去,第三个选择是你在旁边再建一座桥然后走过去。"正常人都会迅速地选择第二个选项,对吧?这个朋友也选择了第二个。随后,他的上司说道:"所以你看,拥有一颗坚强的内心才是解决问题的最佳方案,接受转岗也一样,其实你只要调整好心态,就可以从容应对这些畏难情绪。"朋友忽然感觉上司的说法很有道理，因为毕竟他也是选择的第二种方案，在这个情境之下，他就勉为其难地同意了转岗的要求，但是在下班回家的路上，他开始为自己的决定而深感懊悔。

这是典型的逻辑思维上的归因错配现象。这位上司因为我的朋友选择穿铁鞋过桥，并以此暗示具有坚强的内心才是克服眼前困难的最佳方案，乍一看很有道理，实则没有任何必然逻辑联系。我们之所以选择穿铁鞋过桥，是因为如果光脚走过去，我们一定会受重伤并坠入水流之中丧命，而再建一座桥显然成本太高，也不是一个人可以做到的事情。相比之下，穿铁鞋过桥是最经济、最安全、最有效的解决方案。这是我们选择这个方式的根本逻辑，并不是因为面对困难要有一颗坚强的内心。

事实上，如果有坐飞机飞过去的选项，我们才不会穿笨重的铁鞋去桥上冒险呢。从心理学的角度来讲，这应该算是典型的偷梁换柱的说服策略，也是一种心理诱导。我抛出问题，让你自己进行回答，在你做出选择之后，我会强调你做出的选择和我要求你接受的条件之间其实具有很强的逻辑关联，会给你营造出一种你的选择是在你自己完全自由支配不受外界干扰的前提下进行的假象，而一旦你没有及时识破这种关联的伪装，你便会不自觉地对上司之前要求的态度产生变化。因为，显然之前是你自己做出的选择，而后为了保持你的认知一致性并减少认知失调带来的不适，你会调整自己之前的看法并开始认为上司的诉求其实很合理。

由于这位朋友此前已经跟自己的上司鏖战了数个回合，加上当时的紧张气氛加持，导致他难以深度思考以至于做出不利于自己的选择。果断选择应在自己思考混沌的时刻停下来，就好像棋手暂停落子重新俯瞰棋局一样。你要问自己，在目前的情况之下，如果你接受了上司转岗的要求，这个决定到底会让你距离自己的真实诉求更近还是更远呢？你之前之所以不接受转岗，就是因为新岗位的工作模式并不符合你的意愿。在完成这道选择题之后，结论是这个选择题的答案与转岗的问题没有任何关联，应该坚持自己本来的立场。

因此，在谈判的过程当中，时刻关注自己此刻得到了什么的原则可以让你迅速回归理智，而关注问题的核心会防止思维跑偏。我们总说三思而后行，这个"三思"究竟指的是什么？我认为"三思"指的是反复衡量自己的核心诉求，它就是迷雾中的灯塔，即便在风雨交加下，在最混沌的黑夜中也总能为你照亮唯一的希望之路。

第三个原则是让步幅度一定要递减。谈判的过程本身就是双方相互妥协最后达成一致的过程。即便是最强悍的谈判专家，也不可能在毫不让步的前提下达成任何协议。为了推动谈判的进程，让步是最有效但也是代价高昂的手段。你可以选择让步，但请注意你的让步幅度，切记，你让步的幅度一定要小于上一次让步的幅度，让步幅度的依次递减，才会逐渐逼近你最后打算对外宣称的底线，而接近终点的最后几步总是异常"艰难"。

　　反向思考，如果你的让步幅度逐渐扩大，那作为你的谈判对手，一定会认为你之前是在漫天要价，并会以拒绝用自己的让步来换取你的让步，取而代之的是会考虑直接质疑你的诚意并要求你给他一个最终底线，这显然会打破你的节奏和全盘计划，胜利的天平也会随之向对方倾斜。因此，让步幅度需递减，随着对手不断深入你的阵地，对手要遭受你"逐渐加码"的阻力，最终对手应该在到达你的预定底线之前停下来和你握手言和，这才是最完美的结果。

　　第四个原则是坚持立场并尝试把问题"踢"给对方。坚持立场看似容易，实则异常困难，如何让对方真正相信你给的条件的诚意？最好的方法就是坚持立场。我曾在某为期半年的大型商务谈判中，我方针对购买标的要求价格折扣的诉求和相关原因从第一次双方谈判开始，有一句话一直坚持说到了最后一次谈判结束，前后没有100遍也有近百遍。起初对我方的开价，对方不以为然，总想忽略我方的要求，但随着我方不断表明坚决的立场，对方对我方的要求也从完全忽略变为部分接纳再到最后全盘接受。这是一个漫长曲折的过程，而坚持终会得到回报。

　　但同时，我方也深知一味的坚持可能会遭到对方的猛攻，因为被动地防守是很难守住的。适时地学会把麻烦"踢"给对方才可以帮助我方进行有效的防守反击。比如在我方拒绝就价格进行让步的时候，对方表示我方的这种坚持对谈判进展没有任何好处，这样耗下去不知道何时双方才可能达成协议。我方立刻反驳："这是需要大家共同努力的事情，我方已经在很多地方做出了让步，你们的这个提议很好，我觉得你们也是时候向前迈出一步来推动谈判的进程了，如果你方能答应我方条件的话，我方现在就可以签约，根本不用再耽误大家哪怕一秒的时间，你方看如何？"此言一出，难受的便是对方了，而我方被围攻的困局也自然迎刃而解。

有一次，我出差乘坐高铁从上海返回北京，走入高铁车厢落座后，赫然发现正前方有一女孩一身"杀马特"造型，浓烈的香烟余味扑鼻而来，我估计她是刚吸完烟上的车。只见她两耳塞着耳机，跷个二郎腿独坐在那里哼唱，正当我苦恼这一路要与这样的乘客为伴时，一位老先生径直来到了这位姑娘的座位前，对她说道："唉，不好意思，这个是我的座位。"沉寂两秒之后，姑娘仍在听歌、抖腿，她显然并没打算理会眼前这位老人。随后老先生又把手中的票展示给她看，再次淡定地说道："对不起，这里是我的座位。"姑娘不耐烦地把自己的一个耳机摘下来，用不屑的口气说道："怎么了？我就坐这儿了。"在一旁的我心跳有点加速，心中暗想："这下糟糕了，马上要有冲突了。我该怎么办呢？要不要帮着劝劝或者是用其他的办法解决这个问题呢？明显这姑娘就不想讲理了，说理也没有作用啊！"正当我左右为难之际，这位老先生面带微笑慢悠悠地说："那请你给我个理由呗。"此话一出，气氛一下就凝固了，我作为一个旁观者脑子都有点蒙，这明显不按"套路"出牌啊。两三秒后，姑娘默默地起身，很没趣地把书包一拿，转身就离开了这个座位，感觉像被催眠了一样。

在回京的路上，我一直坐在靠窗的位置思考老先生这句话的实际意义，猛然醒悟，真可谓四两拨千斤，妙不可言。如果当时是我面对这种局面，处理这件事情，我相信大家应该跟我一样，下意识的反应一定是和她理论，因为这确实是属于我的座位，你不能不讲道理，霸占这个座位，不是吗？我们一定以责备的态度跟这位姑娘进行交流，理论上，我们确实占有道德制高点，但这样就能赢得这场较量吗？不妨推演推演，如果我们这么回击她，事情之后的发展进程一定是这样子的，她仍旧不起来并振振有词："我就坐这里，你能把我怎么样呢？"

为什么会这样呢？从谈判的角度分析这件事，老先生的诉求无非是拿回自己被抢占的座位。但如果老先生选择当众责备她，虽然说的是事实，但无论如何，老先生都已经先行把她放在了没有道德的位置上。从姑娘的角度来看，既然已经在公众面前丢了面子，那索性顽抗到底，将错就错，至少还保留着一个自己非法所得的座位。即便此刻把座位还给老者，也不能改变自己当众被定义为"没有道德的人"的既定事实，因此采用这个常规策略可能会让局面变得更糟糕。而老先生的智慧就在于他选择反问这位姑娘,你能给我个理由吗?背后的效用是在温和地诱导她进行理智的反思,让姑娘放下对抗的情绪,并努力思考她有什么理由拒绝老先生。因为她本来就是不占理的那一方。而自我反思,会真正让她冷静下来,并完成"将座位还给老先生"的自我说服过程。所以,当强势的一方压得你难以呼吸的时候,你也可以说:"您向我提出这么多的要求并要求我必须接受,那能请您给我个理由吗?"学会用提问的力量帮助自己把难题"踢"还给对方,这时候难受的就是对方了。

第五个原则是要敢于提条件。不敢提条件是很多人会面临的问题,向别人提要求,我们难免会觉得"难为情",这个问题在现实中十分普遍。我在刚刚开始和供应商谈判的时候,面对对方咄咄逼人的攻势,不敢和他们有任何理论,甚至有时候还由于担心双方无法达成合作协议,认为自己这方提的要求有些"过分"。无独有偶,在我工作几年之后,偶然听到公司的新人和领导讨论工作,他也向领导表达了类似的顾虑,他说:"我提这样的要求会不会很过分啊?"随即他被领导"教育"了一番。由此可见,这是大家共同会遇到的问题。如果你总是狠不下心,抹不开面,无法克服"不好意思"这种心理上的顾忌,那我给你一个理由让你狠得下心。你可以选择在谈判中扮演一个"好好先生"的角色,处处对对方谦让,可是你的对手在战胜你之后,会衷心感谢你的"牺牲"和"大恩大德"吗?恰恰相反,对方每次胜利后,心里一定会这么想:"嘿,这个人好对付，下一次我一定要再狠一点，看看还能不能从他身上再多榨出些油水。"你的对手一定会认为你是一个很好欺负的人，下次如果有同样的问题，遭殃的一定还是你。

　　不妨换位思考，如果你是一个公司的人力资源负责人，由于今年公司运营状况不佳，A 和 B 两个员工你必须削减其中一人的薪资，员工 A 相对软弱，而 B 是谈判高手，很强硬，那你会选择削减谁的工资呢？显然是 A。如果公司要开除一位员工呢？还是 A。现实社会的商业竞争就是这样残酷，做个"好好先生"在谈判桌上不会为你赢得任何褒奖，相反，只有敢于和对手提条件，据理力争，你才可能赢得对方的尊重。当然，我并不是要求大家一定要把别人逼得"很惨"，但是我们一定要勇于维护自己的诉求，这种情况也是在很好地保护自己，毕竟"打得一拳开，免得百拳来"。后来我多次"刀光剑影"的谈判经历也无不证实，每当我与对方绞尽脑汁进行各种较量时，对方到最后才会更加重视我，更加敬佩我，而在未来的合作道路中，双方会更坦然和更对等，正所谓"不打不成交"，概莫如此。

　　无论在生活中还是职场里，大家都喜欢有原则的人，也希望自己成为有原则的人。什么叫有原则的人呢？敢于提出合理的要求并守得住的人就是有原则的人。是你的，我一分也不会抢；但是属于我的那一分，我也不能让。具有谈判思维的人，就是真正有原则的人。

第六个原则也是最重要的原则，即明确你在谈判中应该扮演的角色。在真正的商务谈判实战中，比起你本身的谈判技巧，扮演好你的角色是更重要的事情。初入江湖不要妄想自己可以横扫全场，甚至解决一切事情，实际上大部分谈判也不是一个人可以完成的，所有重大谈判的成果都是靠团队的力量取得的。

我第一次意识到这个问题的存在是在和我的领导与外方进行一次新年夜之前谈判时。对方谈判组有三人，我方两人应战，大家唇枪舌剑，真有点棋逢对手、将遇良才的感觉。谈判进行到了最后的尖峰时刻，我方针对双方的分歧部分给予了最终抛盘，并一再强调这是我们的底线。对方非常坚定地回绝了我们的提议，就在这个时候，我的领导不慌不忙地接了个电话，说着，闲庭信步般离开了会议室，再也没有回来。这时，我的心情极其不安，我一脸茫然，他怎么就这么把门一关从这场"战斗"中突然撤退了？要知道这是我第一次参加大型商务谈判，本就十分紧张，此刻面前坐着的三个外方谈判代表，全都长我很多岁，都是真正的商务精英，我以一敌三，本就是身处下风，更何况我还是个谈判新手，不知我的领导这是唱得哪出戏，金蝉脱壳吗？

此时的我有点招架不住，感觉快要被自己的紧张情绪吞噬了，不过我转念一想，为什么领导敢把我一个人留在这里？我推测他此时接这个电话出门定是跟公司的最高层进行商议，看能否争取一个更好的条件作为最后的筹码，或者他也可能是跟领导商量相应的对策。那此时此刻，我扮演的角色应该是什么呢？我其实根本不需要去扭转局势，最后说服他们三个人接受我们的条件，实际上从客观角度讲，这也是不可能的，这并不是我的使命，我的使命是拖延时间，死守我们现在的底线，为我方拿出最后的杀招赢得时间。同时，面对他们的围攻，如果我能更好地抵御他们的进攻，给出更强硬的回应，能够更加坚定地守住我们的底线，我的领导回来后一定会带来一个更好的提议。在明确了我的谈判角色后，我不紧张了，一切都变得豁然开朗，拖延时间对吧？我最擅长的就是拖延时间，虽然逼对方让步很困难，但我不让步还是完全可以做到的。我之后就选择以各种各样的理由、以各种角度去维护我方的观点。

果不其然，我的领导最后就带了一个更好的提议回来，当晚 11 点，对方同意了这个提案。不妨大胆设想，如果我没有成功地维护我方的利益，被对方逼得节节败退，那当我的领导带来最终提案时，会不会还要被进一步挤压呢？那是很有可能的！

谈判从来都是一个团队合作的过程，正如足球靠一个人是无法赢得比赛一样。不妨想想，为什么企业最大的领导永远是最后出面来做最终的让步从而一锤定音呢？不是我们很多人理解的最高领导人不会从事基层的工作，只有终场的时候才会出面。这样的理解太浅薄了，两军交战，你先直接暴露你的指挥所，那我还需跟你的作战部队纠缠吗，直接取你的司令部不就大获全胜了吗？

商场如战场，谈判专家都深知在谈判之中绝对不能提前暴露那个能做最终决定的人，因为一旦他出现在谈判桌上，所有人都会去围攻他。因为知道他能做最终的决定，那所有的人都会给他施压从而逼迫其让步，其他员工就都没有任何存在的意义了。如果你作为第一道屏障，没能很好地保护你公司的高层，从而让你的谈判对手直接和他们对话，甚至直接去挤压他们，那你的工作绝对是非常失败的，这场谈判也一定会以惨败收场。

不过，这也是谈判的一大魅力所在，很多级别高的人，也不能最大限度地决定整个战局的走势。一个人越能越大程度地死守自己的底线，便能越大程度地为整个谈判赢得最终的胜利而起到决定性的作用。

因此，真正决定谈判胜败的往往不是公司的最高决策层，而是这些在一线和对方"短兵相接"的人，他们才最有可能决定自己一方在这个谈判中获得多大的利益。所以在谈判当中，最重要的就是扮演好自己的角色。你处在一个橄榄球队中的安全位，就要尽力保卫你的四分位，为他人争取时间掷出最关键的那一投；如果你是唱红脸的，就要唱好你的红脸，让他人充分感受到善意；如果你要唱白脸，则一定要足够凶狠，让他人对你恨之入骨。不要奢望一切都大包大揽，更不要毫无担当，从而直接沦为一个传话筒，对方的一切诉求你都照单全收，然后丢给更高的决策层。其实，当你扮演好自己的角色，那在谈判的过程中手里永远攥着一张王牌，时刻会把握着最终决胜的主动权。

第4章

如何制定谈判策略

4.1
信息的收集、梳理与分析

《礼记·中庸》中有言:"凡事预则立,不预则废。"在谈判之前,我们需要做大量的准备工作,没有一个谈判专家会鼓励大家胡乱猜测或者拍脑袋做出草率的判断。事实上,我们所有的判断和决策都会指向一个核心事实——谈判之前的信息收集、梳理与分析。信息的收集与分析是一切谈判策略制定和执行的大前提,就算你十分能言善辩,但如果你并不懂得当前谈判事项涉及的相关专业信息,那你的论点也不会有丝毫的说服力,你说得越多,反而越让自己像"局外人"。

谈判前期的信息准备工作十分关键,但据我个人观察,在实际的工作场景之中,它却总会被人们定义为可有可无的工作,甚至直接被忽略。扪心自问,在过往很多失败的谈判案例中,我们真的做过预先准备吗?如果根本就没做任何准备,不带枪就上了战场,结果可想而知。

譬如你在和一位卖私家车的车主谈判打算购买他的二手车,假如你对这辆车的报价不满意,你可以给出"里程数过高""有过大修经历""传动系统老化""发动机故障灯告警"等一系列理由来证明他的车价格太贵了,以达到压价的目的。但假如你对这辆车的信息和汽车的相关知识一无所知,那你将用什么样的标准来衡量对方给出的价格是否值得购买,又如何拿出像样的理由说服这位车主降价呢?你只是单纯觉得贵,对方要你给出理由,你却说不出。

再比如你和一家咖啡店商讨要求他们长期给你的公司供应咖啡,店方针对自己的咖啡价格高于同行业平均水准给出的解释是采用了进口牛奶,咖啡成本高,价格自然就高。乍一看,这是一个站得住脚的理由,但如果你花些时间去调查一下牛奶进口的成本,你会发现店家的这个理由有"水分",实际上,某些品牌的进口牛奶价格比国产牛奶还要便宜,因为原产地的生产规模巨大,高度产业化之后,实际成本是很低的,外加食品进口的关税税率并不高,多种因素叠加之后,进口牛奶可能会出现比国产牛奶还要物美价廉的价格倒挂现象。因此,高质量并不意味着一定就是高价格,如果你调查出了这些信息,那你就有足够的筹码有效驳回对方开高价的要求。

由此可见,在谈判中掌握更多的信息就是手中握有更多的筹码,因为整个商业竞争在本质上都是信息的竞争。在最原始的商业模式中,商人把货物在不同地点倒卖从而大赚特赚,本身赚的就是信息不对称。如果你不具备相关的专业知识，也不去收集和分析相关的信息，那你就处在绝对的信息黑箱之中，只能被别人"耍得"团团转却又无话可说，被他人尽情要求而你根本组织不起任何像样的反击！

4.1.1　谎言总是被细节揭穿

谈判是一场信息战，面对对手给你制造的信息壁垒，我们如何有效破局？最好的方法就是刨根问底，因为谎言总是会被细节揭穿的。举个例子，在进行商业交易的过程中，当你手握对方给你的报价，明知其中水很深，可如何一探究竟并挖掘隐藏在这些打印在纸上的价格条目之下的秘密呢？毫无疑问，我们需要让对方提供价格分解，一般每次深感自己可能深处信息黑箱的时候，我们都会追问一些细节来寻求蛛丝马迹之中对方可能露出的破绽。

我的一个学生的公司要购买一套定制化软件系统，他们认为供应商提供的服务价格虚高但又苦于拿不出太有利的论据。毕竟培训的个性化极强，基本上都是针对不同的项目和用户私人订制，很难通过其他项目进行有效比对，于是他就要求对方出具培训报价的价格分解和培训用的材料。拿到材料仔细审读之后，有一项为期两天的培训以劲爆的价格瞬间吸引了他的注意。5万欧元，就是几十万人民币的培训费用。他开始刨根问底："你们这培训需要几个人讲啊？"得到的答案是一个人，随后他要求查看对方的培训教材，发现只有区区几页PPT而已。

这一刻，他终于在对方坚固的铠甲上看到了"裂缝"，于是他选择调侃他的谈判对手："5万欧元的培训为期两天，我猜您培训的教材一定是用金子做的，要不然我实在找不出任何理由接受这个价格。"这时候，对方无话可说了，在第二次报价时把这部分重新定义为免费提供的服务。

掌握了关键信息后，才能以给人留有余地的方式巧妙地揭穿"水分"，你就会收割随之而来的红利，一切就是这么水到渠成。我们不断追寻更多的细节，这个过程就是把粗略模糊的信息逐渐细化，对方想用"水分"隐藏的"东西"自然就会浮出水面。

当然。信息的传递远不局限于文字，很多时候对方一再强调你触及了他的底线，或表示你开出的条件令他非常气愤，有经验的谈判专家都知道这多半是在"故作姿态"，遇到这种情况，我们如何明辨真伪呢？我从与一些商务精英打交道的经历中，最深的感触是他们基本都是"专业演员"，他们善于伪装或善于通过假装自己的不满来给对方施加压力。他们的脸可是"说翻就翻"。所以，最重要的是，我们一定要注意不要轻易被他们的言辞左右。那么，如何避免这样的干扰？就要看他们下意识的行为，这往往能暴露出他们真实的心理状态！

很多时候,你的谈判对象会刻意地"表演",他阴沉着脸,对你的话语不作回应,表达出强硬的态度,这一切都是为了给你压力并迫使你让步就范。

在某次商务谈判的第一天,我方给出的条件令对方十分不满。当然这个"十分不满"是对方说出来的,但背后是否藏着有些喜出望外的内心,我方不得而知。中午,我方请外方谈判组的三人吃午饭,果不其然,这三人对我方展开了轮番的轰炸和游说。其中一位卷发小帅哥用貌似真诚的目光看着我,对我说:"我们是不是好朋友?"这个问题让我有点为难,我承认过去跟他有多次合作,彼此也十分熟悉,但毕竟都是公事,也算不上真正意义上的朋友,不过确实是很好的商业伙伴,商务合作原则上都是和好朋友做生意,所以他也可以算是我的好朋友。"是的。"我给出了肯定的回答。紧接着,他身旁的人像预先计划好了一样接下话茬:"你方给出的条件比我们最坏的预期还要低,完全不符合我们过去长期合作的商务原则,作为朋友,你应该帮助我们去说服你们公司的高层,推动这个合作洽谈的进展。"紧接着,其他人也开始帮腔,表达他们的失望之情,被群起而攻之的我倍感压力,显得有些被动。

首先,他们采用了一致性的心理策略,先行诱导我亲口确认我们是朋友这个事实,紧接着再抱怨我这个朋友不管不顾他们的请求,这样会给我造成很大的"认知失调",因为朋友不是本来应该互相帮助的吗?我这样做是不是太无情了?大部分人会产生这一系列疑虑。好在熟知理论的我及时将自己从这个被刻意设计的心理陷阱中挣脱出来。我开始思考判断他们对我方开出的条件究竟态度几何。此时,一个有趣的细节引起了我的注意,我面前这几位宣称非常失望、认为我方给出的条件让他们难以和公司高层交代的人胃口似乎都不错。顷刻间,桌上的菜外加整只烤鸭都被一扫而光了,而我虽然很喜爱美食,却因为被这几个人纠缠而没有什么胃口。我们都知道,如果人忧心忡忡,根本是没有什么胃口的,显然从这几位吃饭的场面来看,情况远没有他们自己描述得那么糟糕。因此,我基本判断他们"演戏"的成分居多,这样我便也更加大胆地进行了反击,我向他们强调:"我方其实已经给出了最好的条件,恰恰是你们应该帮助我去说服你们的管理层接受它,既然是朋友,我们应该共同努力促成交易。"

在谈判和沟通的过程中,人们总免不了会"演戏",给对方传递一些希望对方领会的信号。那么,我们如何辨别真伪从而免受不必要的影响呢?其实很多人很多下意识的行为总会不小心就露出马脚,所以说,有时候从行为的细节上判断对方的真实意图和情感,是一个非常有效的方式。一个人假装生气一段时间后,因为是假装的,他本人往往可能就忘了自己要装的状态,就会暴露出他的真实态度。而这也正是谈判过程中比较有趣的方面。而我们应像侦探一样,努力通过各种细枝末节去走近"真相"。

4.1.2 用批判的眼光审视"信息"

通常来讲，消息源模糊但消息内容具体的东西总是更让人们感觉"可信"。谣言往往就是这个类型的信息，虽然很多信息事后证明是极其荒谬的，事前却有大批人盲从，比如那些所谓的"内部消息"。比如，当你的一位密友告诉你："我亲戚我朋友我同学说某种股票近期要大涨40%。"你会选择轻信，为什么呢？我们先看消息源，密友的某位亲戚、朋友、同学，我们从未谋面甚至都不知道他的名字，这是一个模糊的消息源。但是消息本身的信息内容却相对确定，确定一种股票上涨，确定幅度，非常详细。这种信息会让人们具备产生侥幸心理的倾向。而当我们产生侥幸心理时，那些与我们的判断相悖的内容总会被我们以支持自己观点的方式所理解。模糊的消息源很有可能说明这条消息是伪造的，但也可以被这么理解："这么确定的消息，这么神秘的人物，没准他家的亲戚真的是某些内部人士呢？我因为和他关系好才幸运地得到了这个内部消息。"但事情的结局也许会以你在欣然购买该股票之后遭遇巨亏，随后惨淡离场结束。

那我们如何辨别这类信息呢？有一种判断真伪的方式就是从信息提供方的动机角度进行判断。我们可以选择思考两个问题，假设你信以为真，它会带给你什么好处，对你的对手有什么好处？我的某位学生曾经经历过一次涨薪谈判。她供职于一家中等规模的互联网企业,是一名财务人员,去年因为业绩很突出,便跟自己的顶头上司交流,希望可以给自己涨薪水,她的顶头上司答应帮助她去跟公司老板交涉。这位学生开口提出了涨薪 20% 的要求,可是这位答应帮助她去跟老板交涉的顶头上司却先回绝了她,给出的原因是:如果你以这个幅度涨薪的话,届时你的薪水将比我都高。坦率来讲,我当时听到这个信息就本能地怀疑其真实性。作为普遍扁平化管理的互联网公司,其实整个领导层级是极度精简的。20% 的薪水涨幅,我认为不算是一个太大的幅度,且如果这位财务人员的薪水仅仅涨了 20%,就比自己的顶头上司还要高的话,那这家公司的薪水梯度配置也太不合理了。因此,从客观上分析就不是很让人信服。

  不妨再从动机角度分析,如果那位学生对上司说的话信以为真,那对这位学生显然是没有任何好处的,因为它直接给她的薪水涨幅锚定了一个很低的天花板,那对她的上司有好处吗?好像是有的!他在和公司老板沟通时会压力更小,甚至不排除他还会给公司老板汇报自己成功为公司控制住用人成本的可能性。像这种对我们没有任何好处但对谈判对方有很大好处的信息大概率就是虚假的,我们大可不必理会,只需继续坚持自己的合理诉求。

4.1.3　好的问题胜过好的答案

在信息的收集和分析过程之中，还有一个非常重要却又总被人忽略的策略，那就是提问。永远不要低估提问的力量，因为一个好的问题往往胜过无数好答案！在谈判双方交流的过程中，很多强势的人总喜欢侃侃而谈，他的嘴从头到尾一刻也没有停歇过。但经验告诉我，这种地毯轰炸式的说辞，对方往往很难真正听进去，实际效用很低，还严重消耗了对方的耐心和好感度。真正有经验的人会选择先去聆听，会习惯于先去当一个好听众，并时不时地问出一些敏锐的问题来引导对方提供自己希望得到的信息。

在我出版自己首部作品时，我在选择出版社的过程中遭遇了很大的困难。因为当时我对书籍出版行业的情况和规则完全不熟悉，总不能糊里糊涂地去和出版社谈判吧？我将怎么跟编辑洽谈书籍出版的首印册数和版税呢？提问此时就发挥作用了，我先要求一些备选的出版社把他们的合同都发过来。通过对这些合同的对比，我就能迅速了解这个行业的平均标准是多少，在书籍的版权归属、版税比例、推广资源等方面都会给出什么样的条件。随后，我再进一步增加我的信息源维度，我去找很多已经经历过书籍出版的业内人士，问他们获得的条件，与我自己获得的条件进行逐条对比，一切就水落石出了。我以此为基础，进行后面策略的制定。有一家出版社要求享有我的书籍内容版权 20 年，但其他几家出版社索要的都是 5 年独家版权，看到这，你就会明白这个条款其实是霸王条款而不是业界标准了。

关于提问，我还要分享一个很有效的小技巧。如果关于某个问题你想得到特别专业的解答，最好的提问方式是什么呢？很多时候人们抱怨自己的提问得不得他人有效的回应，其实问题的症结在于：对回答你的问题这件事，人们提不起兴趣。你自己不妨在提出问题的同时先针对这个问题给出自己的答案，当然，如果把这些内容发布在互联网上，你会惊奇地发现有各种人"跳"出来，给你提供意想不到的信息，甚至是系统的回答。

我曾经做过一次尝试，我的手机电池电量衰减严重，询问了数位现实生活中的朋友，甚至把问题放到朋友圈里进行问询，得到的回应寥寥无几，更没有什么可以解决问题的有效建议。于是我换了一个思路，在朋友圈里打下了一行字"手机电池电量损耗严重，打算去××地修理一下"，结果我得到了 90 多个回复，这些回复极力制止我做出这种选择，同时又给了我很多有效的建议。忽然间我苦苦追寻的答案就这样全都冒了出来。

这一切究竟是为什么呢？因为直接的提问一般都会让人难以提起兴致来，甚至对你还会有很大的抵触情绪。就像如果我直愣愣地问你的住址，你可能会有防备心理并且没有强烈的意愿想告诉我；但如果我说"你家是不是住在新街口啊"，对这个提问，你可能有一种原始的冲动来纠正我的错误，你会告诉我你家住在国贸。

通过纠正别人的错误来获得自我认同感，是人类普遍具有的心理诉求。所以说，学会聆听，勇于提问，才是我们获取信息更高效的途径，即便有时你的想法是极端错误的，这也无妨，因为我们需要你的错误来最终"诱"得真相。

4.2
合同是最核心的信息

所有正式的商务谈判都会以双方签署合同或者工作纪要作为终结,而这也是我们关于谈判最重要的核心信息库。如果说作为谈判新手的你在谈判桌上针锋相对的对话中,总是难以招架,那我们可以由简到繁,把对谈判技能的训练从审阅合同做起。

写合同的过程本就是对自己的谈判思维和博弈能力最好的"静态训练"。人在写合同的过程中,不能被对手的行为干扰和影响,这会让你有充足的时间静心思考。就好比你期待自己有朝一日能成为武林高手,但倘若习武之初你就想与各路英豪在实战中切磋武功,只能是枉送性命。最开始还是得先跟木头人比划,从中领悟武学前辈传授的一招一式,将那些理论真正内化为自己的思维方式,方能拥有属于自己的本领。

写合同就好比你在和木头人练习,在对各个条款的分析和拟定己方条款的过程中,你需要主动思考如何识别对方预埋的那些"坑",同时学会设置条款来保证自己的利益最大化。

谈判中有一个普遍的常识就是轻易不要在对方的"地盘"终结谈判,顾名思义,往往在谈判的最终回合,占据主场之利的一方会有更大的优势。但我认为对这个地盘的理解还应该更进一步,这个地盘不仅仅指地理上的地点,同时也指合同。很多人在洽谈商务合作甚至撰写工作或会议纪要时,总喜欢让对方撰写,其实这无异于彻底放弃了谈判的主动权。你可曾想过,同样一件事情因为立场和态度的不同会有截然相反的叙述方式?倘若让对方起草合同和纪要,那显然一切都会按照对对方有利的方式来陈述。在这样的合同基础之上进行谈判,不难想象我方在之后的谈判进程中将会面对怎样的局面。显然对方写的每一条都是对他们绝对有利的条款,我方需要逐条去辨别其中可能的陷阱,把不利我方的条款通过博弈变为于我方有利的条款。即便你足够强硬并成功逆转了其中 50% 的条款,其实这场谈判在本质上你也只是勉强和对方打了个平手而已,何况对方又不是木头人,怎么可能会平白无故向你做出这么大的让步呢?显而易见,这是一个非常不理智甚至很愚蠢的做法。完全用对手炮制好的合同范本谈判,你是在仰攻而他却是在俯冲,你确定不是走在自我毁灭的道路上?

因此,在谈判开始之前,我们一定要学会准备自己的合同,之前我强调的信息收集与分析也都是为撰写对己方更有利的合同而服务的，你的见解与判断应该落实在你草拟的每一项条款上而不仅仅是停留在思想里。同时，在你准备自己合同的过程中，通过稍后和对方版本的对比，能准确发现对方给你"埋"的那些陷阱，而这些是我们自己通过凭空设想很难发现的危险。很多时候，你阅读对方的条款经常会不自觉地陷入他们的思维模式和立场之中，觉得一切都那么顺其自然，但实际上，你已身陷困境却浑然不知，直到合同签署之后才发现原来对方早已为你挖下这么多的"坑"。

有时候，经过对比你会发现，对自己有利的东西我们是很难忽略的，大家尽可以相信这一点。固然大部分人可能只有普通的资质，但"自私"几乎是人的天性，也就是说，我们在撰写商务合同的过程中一定会本能地最大限度地考虑自己的利益。但凡涉及自己的切身利益，人总会本能地变得细致入微，锱铢必较。而那些合同中你并没有提及的内容，对方却在反复强调，或者针对某一个事项，有和你并不相同的立场，那说明什么问题呢？潜在的陷阱会一瞬间都暴露出来。

正如我之前提到的与出版商商谈书籍出版合同的案例，在我最初和一些出版社接洽的时候，很多出版社或文化公司都给我提供了合同，但由于我对出版这个行业并不了解，因此我就运用了信息收集与分析的技巧，先向有相关经验的人咨询，随后将多家的合同进行对比，一切都变得骤然清晰，我愕然发现很多条款都是有问题的。其中一家公司，它对书籍版权的代理周期乃至对于书籍衍生权利的要求都明显超出了业界的平均范围。事后，我庆幸自己做了正确的决定并为自己规避了大量的风险。因此，我们可以明确的是，合同的重要性不仅仅是因为其将作为双方后续合作权利与义务最具法律效力的证据，白纸黑字不是红口白牙，更重要的是，"看"透"写"透一个合同是我们训练和培养自己谈判能力的最基础和最有效的方式。

为了让大家对商务合同有更感性的认识，我给大家梳理一下商务合同中常见的陷阱，大概有五点。

第一点，要特别注意合同开头的原则性声明，类似于英文合同里的 Whereas，我们业内人士将其俗称为合同的"帽子"，它一般是明确规定某些原则性的内容但却总是对后续的条款有着提纲挈领的作用，这看似无关紧要，实则暗藏"杀机"。一旦你在初期谈判先行接受了这些条款，那在后续的谈判中，你早晚会意识到这些所谓的原则其实是对方给你戴的"紧箍咒"，在关键的时刻总会让你难受。

例如卖方在给买方提供的合同里写明：甲方（买方）应充分尊重乙方（卖方）的销售政策和定价体系。这个要求乍看上去没什么问题，卖方自然有自己的成本核算体系，买方只需关注最终的价格，既然有意向购买，那必然是买方可以接受这个价格。但事情绝非那么简单，如果下一次签署合同的时候，卖方要求按每年向上浮动 5% 的比例进行涨价，他们给出的原因是内部定价政策导致，而买方确实在上次合同中是认同过这个条款的，买方这时才如梦方醒，愕然发现自己上次的大意无异于作茧自缚。

历史上曹操挟天子以令诸侯也是这一策略的有效应用，挟天子以令诸侯本质就是用天子这顶"帽子"让众诸侯难受。普天之下莫非王土，诸侯都应听令于天子，这是当时天下所有百姓的共识，是众诸侯当年与天子签订的"合同"中的"帽子"，也是基本原则。

曹操挟天子以令诸侯，表面上看是让各方诸侯互相残杀，他坐收渔翁之利。但你觉得那些雄霸一方的诸侯会如此愚蠢吗？他们当然不会贸然听曹操借天子之口发布的命令，天子明诏，我拒不奉诏。假如天子命袁术去攻打袁绍，他俩果真会交兵吗？断然不会。但是你不奉召就会产生新的问题，大汉400多年基业，天下民心皆向汉，你作为诸侯在这个时候起兵，无非是以"除贼扶汉"的口号向手下的军民交代，无论你心里作何思量，名义上还要打着匡扶汉室的大旗。可如今天子明诏你居然拒不奉诏，那不是公然打自己的脸吗？你如何跟你手下的群臣解释，如何掌控民心向背？须知曹操每一次挟天子之威发布矫诏，众诸侯都会左右为难，寝食难安，可谓进退两难，眼看曹操在削弱自己实际的威信和起兵的合法性，而这可是统治的根基。

上兵伐谋，杀人诛心，原则性条款看似不痛不痒，可一旦跟着对方的节奏，你在整个谈判的进程中就会时刻处在非常被动的局面。我们虽可以在后期具有充足谈判经验的时候，刻意给对方设计这顶"帽子"，但如果对方在没有经验的情况下接受了你的这顶"帽子"，那你就会在整场谈判当中占据战略上的绝对主动。所以，当务之急还是要学会避免某些条款对你的限制。

第二点，注意合同中那些模棱两可的条款。什么叫模棱两可的条款？假如你在跟广告商谈广告的投放合作，对方如果在合同中承诺"将竭尽全力为你做宣传"，这个"竭尽全力"就很难定义了，它无法量化，可大可小，如何才算竭尽全力呢？我方作为广告主，付出的是真金白银的广告费，对方用这个条款来应付我们，那我们得到的利益是不可保证的。以一个实际的代价去交换一个不确定的回报，显然不是明智的策略。还有许多条款提及"具体相关事宜由双方共同协商"，这个"共同协商"也属模棱两可范畴，说不清最终的决定以谁为主，以谁为辅？如果有分歧怎么办？这一系列问题都是大家在商务合作中需要考虑的，合同远不只局限于把事情说明白这么简单。关于模棱两可的条款，如果对我们有利的，那可以考虑放在那里，否则请坚决把它拿掉。

第三点，注意谈判对方是否把他应尽的责任和风险进行了不合理的转嫁。合同里总有一项固定的条款叫作不可抗力条款，内容一般是遇到地震、台风等不可抗力因素而终止交易，且双方都不负责对方的损失，这是所有合同里都会出现的内容。但经常有这种情况，谈判的对方会把本来不应该属于不可抗力的内容归为不可抗力。假设我是乐高玩具的分销商，我和乐高公司签订了买卖玩具的协议，但是我将我的买主因为各种原因无法向我支付费用作为我不保证向乐高公司支付这批玩具的货款的不可抗力因素之一，那就是我在转嫁自己的收款风险，我让乐高公司承担了我下游回款的风险。所以，当遇到对方在进行不合理的责任转嫁时，我们应该立刻拒绝，即便因为谈判的全局而不得已在这些方面做出让步，我们也要让对方付出相应的代价。

第四点，谨防合同改版时的陷阱。实际上，大型商务谈判肯定会进行持续多轮的谈判，而最后一轮的谈判一定要放在自己的主场终结。原因是，在主场，肯定是我方负责打印合同。谈判将结束的时候，一定会伴随很多格式、标点符号、标题的修改，需要反复打印。如果是对方负责打印合同，他们有可能会在某次改版后悄悄撤回自己之前的让步，或者让你付出更大的代价。比如本来你明明拿到了 5 折的折扣价，结果对方在最后一次合同改版时又将折扣改回 8 折。你没仔细检查，大笔一挥，直接把字签上去了，那最后你将百口莫辩。合同一旦签署，它的法律效力是超越了双方之前所有的口头和邮件承诺的。你上仲裁、上法庭都没有任何意义，因为你已经签字了。当然，绝大部分的大型企业是讲信誉的，不会轻易擅自篡改合同。但要谨防不道德的竞争对手可能在某一次改版时使用这个招数，万一你中招了，你的损失会十分惨重，还要平添几分窝火。

第五点，如果你在合同当中遇到不清晰的条款，请一定要问明白。很多新手遇到类似的情况，因为害怕被对方嘲笑不专业，出于面子问题的考虑，他们会选择默不作声并接受，这样的做法无疑会给自己带来巨大的隐患，天知道你正在走入一个多大的陷阱。

曾经有一次，我在审阅外方的合同时，有一条关于索赔问题的条款的英文表述十分晦涩难懂，我反复阅读多遍之后仍不能准确把握此条款的真实意图，想要发问，但是又害怕对方嘲笑我的英文水平——连合同都看不懂，你还搞什么外贸呢？但是我的理智很快让我战胜了这份虚荣心，选择沉默只会给我和公司带来巨大的风险，相比之下就算他们真的嘲笑我又怎样呢？于是我立刻要求对方给我解释这个条款，出乎意料的是，对方在看了条款之后也沉默了，他们居然也没有看懂！随后他们表示这可能是法务部门给出的标准条款，这时轮到我笑他们了——英语作为他们的母语，他们居然也没看懂，看来真的是条款本身有问题。在这种情况之下，对方自己都解释不清，我便立刻要求直接删除这个条款，万一它对我们不利，那到后期岂不是给自己挖了一个"大坑"。

在谈合同的时候，千万要摒弃一种思想，即死抠每个条款的细节会很麻烦，很小家子气，会让对方认为自己斤斤计较，缺乏合作的诚意。这种想法是非常危险的，也是错误的。我个人和前辈们的谈判经历都证明，谈合同的时候双方争得越激烈，抠得越细，谈得越痛，在项目执行的时候越顺利，双方也越会心甘情愿地履行自己的职责。这是为什么？从心理学上来讲，人们对付出越多的东西越喜欢，越上心。实际的逻辑也可以解释，双方对这个合同有足够的投入，所以就会对它足够负责。一切误解和怀疑得到了澄清，各种诉求得到了充分碰撞和交织，最后达成大家都心甘情愿接受的结果，谈判双方才更会对这个商务合作充分负责。

一位前辈曾经给我分享了一件事，他有一次和西班牙的某公司商谈商务合作，双方整整谈了一周，每天持续到夜里12点。其实这个项目本身并不是特别复杂，但最后这个合同细到什么程度？细到合同中有一项独立条款明确规定交付的产品自带的钥匙必须要贴在设备的正面并以十字胶条固定。我当时第一反应是："太锱铢必较了！这哪叫商务合作呢？"事后，随着我实际的工作经验增长，发生的各种事实恰恰证明了我当时想法的幼稚。商务合作如果真的那么简单，大家都争做好人，那合同最后的执行一定会很糟糕。合同条款之所以规定得如此细致入微，为的是最后执行会顺利。后来我询问那位前辈这个项目执行得怎么样？得到的答案是非常顺利，对方甚至提前一个月交付产品，而且包装精美，不仅把钥匙贴在设备上，就连说明书都很好地用纸袋封好了固定在上面。为什么会这样？就是因为在合同谈判的过程中，大家已经充分地进行了"博弈"。由于合作双方深度"博弈"，让大家对这个项目的责任心达到了空前的高度，同时由于双方充分交换了意见，对自己的诉求达到了平衡的点，自然也就不会存在责任上的盲区。

俗话说，磨刀不误砍柴工。对整个项目的进程来说，商务谈判其实就是磨刀的过程，双方交流得足够深刻、细致和全面，后期整个项目的执行成本就会大幅削减，所以从整个项目的宏观角度来讲，好的商务谈判就是磨刀不误砍柴工，它将极大地增进整个项目执行的效率并减少项目执行的成本。

我个人认为，一个优秀的谈判专家应该让自己的下游在执行合同时顺利得几乎无事可做，那才恰恰说明你把自己的工作做到了极致！

4.3
谈判准备之前的五问

在谈判开始之前我们需要做什么呢？经过实践积累，我个人总结了五个谈判准备时需要思考的问题，基本涵盖了实战中所有需要考虑的因素，当然，针对具体情况和个人习惯，我们也可自行补充额外的问题。之所以采用自我设问的方式，是因为只有这样，才能逼迫我们进行深度思考而不是想当然地看待问题。

4.3.1 事件的背景情况

这个问题的本质就是对整个事件的来龙去脉进行全面梳理，你要跟什么样的人或团体进行谈判？你谈判的内容是怎样的？是谈薪水报酬，还是谈商务合作或者是外贸采购？

背景调查是非常重要的一步，或许某一天你会忽然接到你合作伙伴发出的商务信函，他们"气势汹汹"地要求停止双方的所有合作并向你的公司提出巨额的补偿金要求，同时他们还声明不放弃走法律程序起诉你们的可能性。对方如此"来势汹汹"，你打算如何应对呢？如果你本身对双方漫长的合作历史和项目背景一无所知，自己的公司即将面对如此巨大的法律风险和数百万元的巨额索赔，任谁都会下意识地产生焦虑和自责的情绪。

客观地讲，大部分商务分歧往往双方都应该承担责任，商务合作之中也会经常出现"灰度区间"，即如何解决分歧从而达成"灰度"合作，这也是现代商务之中再常见不过的场景。进一步分析，如果真像对方所说的停止一切合作并付诸法律裁决，并且他们确信自己绝对可以胜诉，那他们为什么不选择立刻交给仲裁机构审理，何必还要大费周章地向你索赔呢？只怕仲裁是"假"，希望多赚赔偿金才是"真"。

很多时候倘若我们不了解需要谈判的事项的相关背景，我们就容易在心理上先行自我设限。梳理清楚项目的背景情况以及来龙去脉，其最大的意义是可以帮助我们冷静下来，免于因对方的"虚张声势"而自乱阵脚。

4.3.2 对方的核心诉求

谈判思维中有一句谈判金句："只有知道对方想要什么，你才能得到你想要的。"因此，在完成背景调查的前提之下，我们要先行推断对方的核心诉求。例如我提到的汽车工业的虚拟案例，我推断对方此行的真正目的是获得更多的现金补偿。其实即便是最专业的影评专家也无法在电影的开场就猜出它的结局，我们基于事件背景的推断可能会发生偏差，但以此为基准，随着谈判的进程发展不断迭代，对方的真实意图会逐渐显露，我们也就一定能越来越接近真相，而这才是获得真理本该经历的旅程。

之前那位供应商收购西班牙小厂的案例，基于项目背景，我们最初的判断是，以常理来讲，在所有的商务合作之中，但凡涉及买卖的谈判，对经济利益的追求理论上应该是卖方最根本的诉求，但事实上，和我们的推断发生了偏差，那位卖主似乎更希望与他出售的企业继续保持某种联系，而这在某种意义上对他来说比金钱还重要。很多时候，人们愿意牺牲部分经济利益换取其他的回报，比如对风险的规避、对未来市场的保证，甚至有些时候他们最在意的恰恰是迅速完成这笔交易本身。正如我之前所说，正是因为这个世界的复杂才给谈判思维带来了发挥的空间。如果你能准确领会对方的核心诉求，或许你只需要极少的代价就能得到自己希望得到的一切。

4.3.3 谈判双方的位势

很多人都曾询问我,决定谈判胜负的根本因素是什么?答案就是位势。谈判双方的位势将直接决定各方在这场谈判之中占据的地位和主动权。那如何量化这个所谓的位势呢?比如在买卖交易中的买方和卖方,大众的认知都是普遍倾向于认为买方一定是强势的,而卖方总是要充当弱势群体的,对吗?其实答案是不一定,在我个人的国际贸易经历当中,虽然我很多时候扮演的角色是买方,但对应的卖方是唯一的,也就是说,我只有从卖方那里才能买到我需要的商品。在这种情况之下,虽然我是甲方,是买方,但实际上我是处于相对较低的位势的。如何判断位势的高低呢?一个很直接的标准就是哪方手上的选择更多,哪方的优势就更大,选择的多寡直接决定了我们手上的牌的好坏。

以之前分享的星巴克咖啡定价的案例为例,我们都知道星巴克咖啡是存在品牌溢价的,那我们为什么不能跟星巴克谈判要求它降价呢?理论上,我们是可以去尝试的,但其实我们都知道结果,那背后的原因究竟是什么?我们之所以没有和星巴克谈判的资本，其根本原因就是星巴克当下拥有的选择比我们每位个体消费者都要多得多。不满意星巴克咖啡的价格，我们可以选择不买，但是不买的后果就是我们在市面上几乎难以找到跟星巴克咖啡口味类似的替代品，即我们拥有的选择很稀少甚至是唯一的。但星巴克的选择可就多了，它在全球坐拥数亿的客户，多你一个不嫌多，少你一个不嫌少，所以说星巴克手中握有的选择要比我们多太多了，显然在这种局面之下，我们就没有任何谈判的筹码。

　　位势分析基本上可以等同于双方的实力分析，好的谈判策略固然可以让你四两拨千斤，以少胜多，但如果双方的实力差距过于悬殊，例如星巴克这样的案例，那也是巧妇难为无米之炊。总之，谁在当下握有更多的选择，谁就更主动，知己知彼，百战不殆，有效把握自己的优势，巧妙规避自己的劣势，我们就能最大限度地提升自己的胜率。

4.3.4　对方的底线

　　结合之前对对方核心诉求的分析，我们应该大胆推测对方可能的底线在哪里。我们在谈判中的首次抛盘是我们以此为谈判的直接依据。如果你的要求过于离谱，对方可能会丧失和你谈判的动力；如果你的要求过于平庸，又可能会损失你的利益。我之所以用"猜测"这个词，原因不言而喻，结合之前强调的对核心诉求和相关信息的分析，我们可以大致推断出对方可能的底线。在我留学期间说服教授给予我奖学金的案例中，教授需求的底线是什么呢？需要一位可靠的研究助理。如何定义"可靠"呢？至少是喜爱并熟悉他的研究课题，同时具备相应的工作能力的人。

如果你想和你的老板谈加薪，你该如何设定你的涨薪比例呢？我们肯定需要"考量"老板可以接受的底线。一方面，可以以目前市场上同类公司同级别的待遇为参照，另一方面也可以从老板寻找你的替代者需要付出的成本的角度去考虑，这是基于相关信息和对方核心诉求的推断。这一步非常重要！因为我们的让步策略将直接围绕它进行。知乎上有的人说自己在入职新公司和人力资源部谈薪水的时候提出了月薪 15000 的要求，结果对方听后毫不犹豫地回答："索性我给你定 16000 吧！"显然这个人就没有做任何的谈判准备，他严重低估了自己的薪水水平，谈判还没开始就以失败结束了。

4.3.5　我们的底线

在谈判开始之前，我们一定需要对谈判结果有非常明确且结合实际的预期。通过这次谈判，我们究竟想达到什么样的目的和效果？如果你想购买一个商品或一项服务，你最高可以接受什么样的价格或代价？你和人力资源部谈薪水，你最低能接受多大幅度的涨薪？这事你一定要想明白，在这个底线之上，才能确定谈判开始时的"抛盘"是多少、谈判的策略是怎样的。还有，如果对方最后提出的要求突破了你的底线，你要准备随时离开谈判桌。

4.4
谈判策略的设计与应用

在谈判的开局中,当我们面对谈判对手给出的条件时,需要注重的一个原则是:"永远不要接受对方第一次开出的条件。"我在美国曾陪朋友去买车,在和卖主交易之前,我们在网上对想买的车进行了各方面的对比和评估。按常理来说,这车如果用 5000 美元左右拿下,是一个很不错的结果,然而在实际谈判的过程中,我们抱着试一试的心态向那位车主询问是否可以以 4000 美元的价格卖给我们。

结果,令我们倍感惊讶的是,那位车主立刻就答应了我们的开价,随后便收钱并签署所有权的证书,幸福来得太快,我们都来不及有所反应。然而就在开着这辆车回去的路上,我俩都不约而同有一种感觉:这车不会有什么大问题吧?我们遇到骗子了吗?但其实我们完全多虑了,这辆车买回来之后,车况一直不错,事情的本源很有可能就是车主看我们是学生所以想帮助我们，外加自己急于出手这辆旧车置换新的车辆而没有太计较价格而已。那位卖主明明委屈了自己，可我们非但没有感谢那位车主的慷慨，反而怀疑他是不是在骗我们。最后如果两家都觉得不划算，这是典型的双输局面。

其实这也是人们正常的心理反应，设想如果你在谈判过程中立刻答应了对手的第一次出价，你不但丧失了更进一步的可能性吃了大亏，更郁闷的是对方非但不会领你的情，还会在心里暗自懊恼：早知如此下次应该把价格开得更高，甚至还很有可能选择撤回他的条件进而继续压榨你，即便这次侥幸过关，对方也很可能在后续的合作当中提出更苛刻的要求，真的是后患无穷啊！因此，这也是为什么我建议永远不要接受对方的第一次开价，哪怕对方首次提出的条件已经达到了你的预期，我们也要忍痛拒绝。原因一是可以给对方压力，二是不要让对方觉得你占了他的便宜，三是你完全可以尝试去为自己争取更多利益。

与"永远不要答应对手的第一次出价"一脉相承，"巧设障碍"也是我们获得谈判筹码的重要方式。当你在签订采购合同时，作为买方的你，资金充足，可能不是很在意相关的支付条款，也就是你的财政情况完全可以接受卖方提高一些预付款的比例，或者是付款的期限可以收紧，60天可以缩短为30天。如果对方向你提出类似的请求，你要不要立刻答应他？当然不要立刻答应他，你完全可以留到后期去和对方进行条件交换，这些都会成为你的筹码。如果你在谈判开场时就都接受了这些条件，那请问最后你拿什么筹码去跟别人交换你想要的条件呢？

我参加过的历次商务谈判中，谈判开场两边都会对着"哭穷"。梳理合同条款，对方会表示接受这项条款有困难，接受那项条款也很为难；我们其实完全可以全款支付，但一定要坚持公司财务政策规定只能接受分三批支付的付款原则……为什么要给对手刻意设置这些障碍呢？因为如果你全盘接受的话，等到最后双方摊牌进行筹码大交换的时候，你会发现除了你本身想要得到的条件，别的筹码你都已经让出去了，这就是问题之所在——你已无牌可打。

但如果你将本来能接受的条款先向对方表示你不能接受，等到时机成熟的时候，再用它们去交换你真正想要的条件，这不就是"凭空"创造了筹码吗？还可以用它去交换你的核心利益诉求。所以说，"哭穷"真的是一门谈判基本功，只有学会梳理你的"牌"，关键时刻你才会"有牌"可打。

谈判本质上也是一种预期控制，也就是在谈判的过程中，通过巧设障碍刻意"艰难化"谈判的进程。我们让对方从最开始觉得在这次谈判中能得到 100 分，到渐渐认为他们只能得到 90 分，直至最后让他们意识到能拿 70 分就很不错了。随着对方对谈判的预期递减，当最终和你的预期相吻合时，你的谈判目的就达到了。

谈判中，有了第一个选择的对比和衬托，你就会很容易接受对方开出的第二个条件。当然，我们可以考虑采用这个策略，先提供一个相对困难的要求，紧接着让步，提出较容易接受的请求，而这个看似容易的要求往往是我们真正希望达到的目标。这看起来有点像拳击比赛，第一拳虽声势浩大但却是虚招，真正的目的是诱你露出破绽后，用第二拳将你击倒，因此我将这种常用的让步谈判策略称为"虚实拳策略"。

面对很多短兵相接的谈判场景，我随时会采用这个策略解决棘手的问题。有一次，我带领售后团队在国外给客户维修升级设备。令我们感到意外的是，我们到达后才发现现场原来有 10 台设备需要改装升级，而我们只带了 6 台的改装物料，问题忽然就变得很棘手了。来自欧洲的工程师明确表示他们肯定不会为此再来一趟，他们给出的方案是待他们回国之后把材料寄过来，而在这次改装的过程中会现场对客户进行教学，然后到时由客户自己完成改装任务。

说罢，他们就撸起袖子提出了一箱工具开始自己的改装工作，而我则坐在旁边思考如何解决这个棘手的问题。让客户自己解决问题，这事我可真是闻所未闻，暂且不论这个提议的合理性，就算客户愿意这么做，可是以他们目前的技术水平而言，到时很可能会把事情搞砸，产品出现问题就会给我们公司的名誉造成损害，同时还会带来一系列后续的麻烦，实在是后患无穷。我意识到自己需要想到一个稳妥的策略来说服这几位外国工程师，因为措辞稍有不慎，就会引起他们的不满。

　　苦思冥想之后，我忽然产生了新的灵感，不如要求他们把未升级改装的设备运回他们的公司，完成改装之后再运给客户。那我该如何更好地呈现这个提议，让对方赞同我的观点呢？这就需要精心设计这个谈判了。谈判开始之前，我需要梳理清晰几个关键问题：第一，我想要什么？我想达到的目的是把设备送回原厂，让专业的工程师去维修，然后再给客户发回来，这样就可以避免一系列后续的售后问题，保全我们两家的品牌声誉；第二，谈判对方的诉求又是什么呢？他们作为售后服务的提供方，当然希望麻烦事越少越好，设备必须得修好，同时不能带来一系列的隐患。

　　这是我的谈判底线，对方的底线从之前的对话可以判断出，是不想再为此事出国"远征"了，经过分析，我们双方其实是存在共同利益的。然而还有一个细节值得注意，那就是如果这个设备返厂维修之后再发回给客户，这个方案会产生新的物流成本和责任，对于这件事情，我的谈判底线是双方共担。既然制定好了策略和原则，那就可以开启这场谈判了。

　　首先，我并不急于给出我的建议，我认为当务之急是和对方先取得共识，于是我说："我觉得你们应该是不愿意再回来了吧？其实我也不想再折腾一次。"他们赞许地连连点头，并向我表示，他们真是不想为剩下的几台设备再坐十多个小时的国际航班经济舱来这里返工。接着我话锋一转，开始强调现实："但这毕竟是我们的产品，这个问题也不可能不给客户解决，现场的情况你们也看到了，指望着客户自己维修升级肯定不实际，等到出了大问题，我们不但要挨客户骂，而且最后还是难免要回来返工，想必你们更不希望事情发展到这一步吧？"

这就是用抓"痛点"的思路进行说服，紧接着我顺势提出自己的建议："不如我们把这些东西运回去修理完成后再运回来，因为你们毕竟是这个设备的原始供应商，来往的运输费用也由你们出吧，这样效率高。"

这是让步谈判策略的应用，我首先给他们分析出了一个残酷的现实，那就是如果在当地维修升级不顺利的话，我们肯定还要再回来返工，这直接击中了他们的要害，因为他们是断然不想再回来返工的。随后我向他们抛出了我真正希望他们接受的选择——回厂返修，这样我们双方都可以解放。

他们欣然接受了我的提议，然而对于我提议中的来往运费由他们出的条件，并没有直接同意。毫无疑问，这也在我的预料之中，我假装迟疑片刻之后表示：基于我们双方良好的合作关系和为客户解决难题的原则，难得大家达成了一个比较稳妥的解决方案，既然是合作共赢，那这个运费我们各出一半？随后他们微笑着直接伸出了手对我说："成交！"

深刻理解对方的诉求，合理地设置条件，运用正确的谈判策略巧设障碍，最后达成一个双方都满意的双赢局面。

正如我最初所说，真正具备谈判思维的人都是优秀的问题解决者，而谈判最大的价值也在于它似乎总有把坏事变成好事的魔力。

第 5 章

如何打破谈判僵局

5.1
谈判中的"僵局"

在讨论完成谈判前的信息收集与分析、策略的设计还有如何开局之后,是时候来思考在谈判的中局之时,我们应该做什么了。事实上,谈判永远都是一个很漫长的过程,或者可以说90%的部分都是"僵局"。听到这两个字,如果你总是条件反射地产生畏难情绪,那或许是我们重塑对"僵局"的认识了。

人们总是主观地对"僵局"抱有消极的态度,认为它是我们需要极力避免或者说逃避的东西。这恐怕要归因于那些严重误导过我们的影视剧。出于戏剧性和观赏性的要求,它们呈现的谈判是永远没有"僵局"的,它们塑造的那些谈判专家、律政先锋,总是那么帅气逼人,言辞犀利地逼迫对手连连让步,就好似我们总喜欢将目光聚焦于足球巨星获得世界杯冠军、受到万人拥戴的景象,却没有看到他们背后数千个苦练的日日夜夜。因为这些东西太过千篇一律和枯燥乏味了，它们一点都不激动人心，因此永远不适合被演绎。

戏剧和现实的最大差别就在于戏剧没有痛苦的过程，而我们学习谈判思维的初衷是解决现实的问题，而这也是它最大的价值所在。任何超凡的结果都必然来自艰苦卓绝的过程，谈判亦是如此，这就是双方耐心的极致比拼。在最开始，我们要投入大量时间做信息收集、策略制定的工作，然后在我们抛出条件以后定会伴随着一轮激烈的争夺，我们尝试用自己的说服力去慢慢影响并动摇对方的立场，但绝对会遭遇对方的强烈反抗，因为对方也希望对你做同样的事情，随后等待我们的就是非常漫长的"僵局"期。因此，"僵局"的出现是必然的，而是否走出"僵局"才是关键。

遇到"僵局"，大可不必过度恐慌，我倒觉得反而可以舒缓心情，从刚才激烈的攻防战之中解脱出来，给我们更多的时间去思考新的策略，准备迎接耐心和决心的比拼。

5.1.1 态度的分歧

如何更为妥善地应对谈判中的"僵局"问题？我们必须追根溯源来深度剖析"僵局"形成的根本原因和背后的逻辑。实际上，多数人都认为很多时候"僵局"形成的原因是谈判双方在利益上存在着绝对的分歧，但是其中很大部分分歧的产生是因为双方的沟通问题，尤其是在国际贸易过程中需要用外语谈判，而这一过程就制造了很多的误解和许多不必要的矛盾。

关于分歧，先从态度的角度入手审视这个问题。不知道大家对在生活当中和朋友、家人包括同事之间的很多矛盾、观点上的各执己见是如何看待的？常言道："公说公有理，婆说婆有理。"在客观事实完全不变的前提之下，人们有可能会产生分歧。

举个很简单的例子：此时你面前的桌上放着半杯水，我们对这个杯子的客观描述是一个容量为 500 毫升的杯子里装有 250 毫升的水。这是一个非常简单的客观事实，我不带任何情感地描述它，但不同的人对它的描述却会天差地别，有的人会说："这杯子里怎么只剩半杯水啊！"有的人会说："这杯子里居然有半杯水！"当然，表面上他们传达的信息都是一致的，但是前一个人对这半杯水的叙述中却暗含了某种态度，即对既定事实的不满。他说怎么只剩半杯水，显然他对这件事的预期应该是有满满一杯水。而后一个人却是带着喜出望外的态度，他觉得这杯子里居然有半杯水，那他对这个杯子本身的预期应该是没有水。这两个人如果把各自的说法进行讨论的话，那前者可能会觉得后者"不思进取"，后者可能会觉得前者"贪得无厌"，就在这样一个简单而不涉及当事人直接利益诉求的话题上，他们也有可能会产生矛盾。

5.1.2 避免困难谈话

表述角度的区别其实源自每个人的初始预期设定不同，而这就产生了态度上的差异，且终会引领我们走向对立，而让对方可能会误会你的态度的最主要原因是你的表达方式。在日常的工作当中，你会经常需要麻烦同事配合你的工作，这也就是我们说的资源调配和人际关系的管理问题。可能你的诉求是希望他帮你写份报告，或者是帮你审批某个文件走公司流程。你来到他的工位，面对你的要求，此时异常忙碌的他头也不抬地拒绝了你，可你确实很急，于是出于惯性脱口而出："批一下耽误不了你几分钟！"言语中略带责备之意。

但往往你这种处理方式会把双方带入困难谈话的模式，什么叫困难谈话呢？就是对方因误解你的意图而造成一种对抗情绪的倾向。在对方的角度上，你说话的那种口气传递的态度其实是一种责备。你并不清楚、不理解他当下的情况，他可能正在同时处理十个事项，且每个都很紧急，甚至每个都比你的请求的优先级还要高，从心理学上来讲，人们总是有某种主观预先认定自己知道的一切对方也一定都知晓的倾向，可实际上对方基本什么都不知道。

那你的本意是什么呢？"耽误不了你多少时间"，你其实想给他传递的信息就是帮助你做这件事情不会浪费他太多的时间成本，或者说不会给他带来太大的麻烦而已。但他会把你的意图曲解为你认为他其实很清闲并没有那么多任务要做，而在这种情况之下，即便帮你个忙，他都不愿意，因为这相当于你在责备他"失职"。在这种情况下，一旦产生分歧，谈话双方就会进入对立状态，也就是困难谈话的模式。不妨回想一下我们经历的困难谈话的过程，此时没有人会再讲理，而是专注于情感对抗和对对方意图的"恶性解读"。你令我感到厌烦，所以你说什么都是错的。

著名的塔西佗陷阱就是很好的例证。古罗马时代的历史学家塔西佗在评价一位罗马皇帝时说："一旦皇帝成了人们憎恨的对象，他做的好事和坏事都同样会引起人们对他的厌恶。"如果我主观认定你做了坏事，你说你没做，那我可以很自然地解读为你在说谎。你再次强调你的清白并拿出了证据，我会认为你在伪造证据，卑鄙下流。无奈之下，你只能选择沉默，但我又会说你被戳中要害，默认了自己的罪行。所以说，它是一个陷阱，也是我们在人际关系处理和沟通过程当中最无解、最致命的陷阱。无论你做什么，或者什么都不做，你都在传递"坏信息"，而对方会因为与你的分歧而产生消极态度来"恶意解读"你做的一切。这就是一个死结，那如何有效预防困难谈话呢？

如果你真的有必要否定或拒绝对方请求的话，为了防止制造对立情绪，我给的建议就是可以考虑先肯定他然后再委婉地否定他。人的情绪可能没有"开关"，特别是在高压环境下，很多时候我们无法立刻控制住自己，但我们可以选择用不同的态度来看待眼前的问题。尤其当你和你的同事、领导在探讨工作上的计划方案等内容时，面对对方发表的意见，你可以考虑先说，"我非常理解你的想法"，或者是"你说得很有道理，我觉得你的提议很有建设性"等等，然后再委婉表达与他意见相左的部分。为了更好地沟通，我们当然要仔细聆听他人的意见，也应该对他人的意见表示赞许和肯定。你的赞许并不影响你做决策的最终结果，也不影响你判断的权重，不过认真地聆听并肯定别人观点会有效避免对方对你产生对立情绪。这样你说的话，他人才有可能"听得进去"，才能为你赢得真正能用自己的观点来影响别人的机会，而这才是我们采用谈判和说服策略最重要的大前提。

我们还可以选择以这样的模式来表达自己的诉求和反对意见——先描述事件的事实，再讲可能会让你产生什么样的感受，最后提出你的建议。切记不要预先给对方的意图下任何结论，而这恰恰是很多人喜欢做的事情。你希望让公司负责网络的人员检修办公系统，你要是直接跟他这么说："这破系统太烂了，赶紧给我来解决一下！"对方很可能不会很配合，他会告诉你他很忙，或者是现在有很多事要做。

正确的对话方式应该是什么样的呢？先描述一个问题或现象让你产生的困惑，给对方完整的场景代入感。你可以说："你好，你看我们现在这个电脑系统运行特别慢，我录入的信息半天没有响应。财务要求完成录入，才能进入下一步流程，麻烦帮我尽快解决一下。"先描述事件的事实，再讲可能给你产生的感受，在这个模式之下，你可以把事情描述得非常立体，让对方感同身受，而不再是单纯地抱怨，对方才能产生共情心理，充分意识到解决这件事情对你的重要性。

  这就是非常好的沟通和谈判技巧，描述你现在遇到问题的困惑和感觉，然后再请求对方给你提供帮助。切记勿对对方的意图和行为妄下结论，不要把对方推到你的对立面，否则等待你们的就只有"战争"。没有人愿意去听自己不喜欢或讨厌的人的诉说或理论，人一旦进入这种情绪上的对抗，我们之前说的所有策略的效果都会大打折扣。我们在谈判过程中需要时刻考虑的是，自己说的话在传递给对方之后，在他的情景和理解之下进行解码之后，是否还能忠实地还原你本来的意图？毫无疑问，先描述问题现象，再谈感受，最后提要求，才是一个良性的对话框架，它理应成为你组织沟通语言的首选。

5.1.3　承认对方的价值

  如果说态度上的分歧往往源于三观不合，那么，很多时候我们忽略了对方的价值也会产生矛盾，从而给自己招致不必要的麻烦。很少有人会意识到我们的每一个决定几乎都会影响他人的感受，这个决定可能是去看一场电影、参加一次聚会，或踏上一段旅程。在工作上，你制作产品推介的演示 PPT，发起新项目，提出流程改变建议，如果这是你个人做的决定，猜猜当你向你的领导或合作部门的同事提出这些想法时，会发生什么事情？人们会反对你的提议。

  原因很简单，你没有事先和他们进行沟通，你不尊重他们的意见，又如何取得他们的支持呢？你在做决定之前没有考虑他们的意见，而这个决定会影响他们。即便这些人真的没什么意见，抑或是你已经事先考虑了他们的诉求，倘若你不去征求同事和领导的意见，人们也会把这种行为归结为你对他们的"忽视"——他们认为你的建议不值得一做。你本意是打算节省大家的时间？或许吧，但就实际效果而言，你只会浪费更多的时间，产生更多的矛盾。

  我在知乎"谈判思维课"的学生中，有一位昵称叫 Sunny 的同学，她在日企工作多年，自身是一位非常优秀的工程师。Sunny 同学在入职没几年时遇到过一位上司。上司是一位四十多岁的中年日本男子，得体的着装、彬彬有礼的作风，看似和蔼可亲，但严肃而缺乏变化的表情总给人一种距离感。他是个"霸道总裁"。

  Sunny 同学曾在某个项目中负责撰写一份报告，她的这份报告是用 V-UP 的思维工具来做的，她的报告中涉及了很多其他部门的工作成果。这位上司看后却认为 Sunny 同学写的技术报告不够严谨，因此不停地"抠字眼"，对她百般刁难，这种情况令她十分抓狂。一份报告，她反复修改拖延了整整半年。但过程虽然曲折，这中间也肯定免不了各种摩擦与磕碰，结果却是出乎意料，Sunny同学靠着这份报告拿到了公司颁发的奖。

事后回首这段经历，Sunny知道自己的上司很可能是个完美主义者，他把她做的事情当成了他自己的事情。当然，这位上司本身在沟通上也存有很大问题，既然你对下属的报告提出了苛刻的要求，不妨对此给出一个更能让人接受的、更善意的理由，比如这是为了让你获得更长足的进步，抑或是为了提升你的报告的竞争力。事实也确实如此，在他的指导下，Sunny的报告获奖了。但他带给下属的感觉是"刻意刁难"还是"指导成全"，只有一步之遥。

很多时候，结果并不重要。回顾自己的工作经历，我遇到过很多优秀的领导，即便他们位高权重，也会在会议尾声、下结论之前给在场的每个人发言的机会，即便他知道自己得到的大部分回答一定是"没意见"。因此，在做决定和展开工作之前，不妨和相关人士进行沟通，一则你不会错过那些极具建设性的奇思妙想，二则通过征求意见，你给予了他们足够的尊重。决定的主导权在你手里，你可以选择不采纳他们的建议或者部分采纳，其实你并没有损失任何东西，但是却给了他们机会表达自己的想法，这就是沟通本身最大的价值所在。

这也难怪，曾有很多职场的前辈都会告诫后辈，自己有什么想法要多和领导沟通；当需要公司各部门配合时，要多跟其他相关同事沟通并征求他们的意见。客观事实是我们只会也只能采纳少部分有建设性的意见，但是沟通过程本身却很重要。你征求了相关人士的意见，也说明你承认了对方的价值，让他们感觉他们对这件事情是可控的，至少自己是参与其中的。这样的话，你能得到对方对你的项目的支持，因此，承认对方价值是一个非常重要的破除困难谈话的策略。

  对承认对方价值的理解，还不应仅局限于尝试去征求别人的意见。我曾陪同一个国内的技术团队和外方的团队进行技术沟通，外方的项目负责人亲自带队，同时还带来了他聘请的两位大学教授，对我们提交的项目材料进行审查。起初，双方的沟通进行得比较顺利，两位大学教授和蔼可亲，双方互相寒暄时发现有不少共同话题。可就在我以为谈判的进程会在一团和气的氛围里顺利推进时，这两位专家开始变得十分挑剔，对我们提供的商务建议书中的很多技术细节都提出了疑问，有些提议十分无礼，分明就是对我们的技术能力不信任；同时在针对很多产品未来应用场景的讨论上，这两位教授又变得"脑洞大开"，天马行空地提出了很多构想，要知道每个构想落实到工程实现上可是有十万八千里的距离。面对对方的刻意"刁难"，我方的工程师显得有些沉不住气了，不耐烦的情绪开始在团队中蔓延。眼看整个谈判马上就要从和谐的合作气氛"坠入"到阴沉的对抗情绪当中去，感到情况不妙的我立刻苦思破局之策。不知大家是否还记得之前提到过的洞察力，我此刻忽然有一种直觉：这两位教授的刁难其实并不是在针对我们，而只是为了向他们的老板证明自己的价值。毕竟他们的老板花重金让他们远道而来，住五星级酒店，拿高额的工资，如果提不出任何有建设性的意见，不挑出我们的毛病，他们如何能证明自己的价值？

在这个推测之下，我开始尝试通过"承认他们的价值"来解除目前的"僵局"。我一面安抚团队成员，一面在翻译我方的回答时，都刻意加上"你这个想法很有建设性""你这个问题问得很专业"等话语，没错，我在向他们印发"社交货币"，间接地帮助他们向其老板证明他们的价值。技术交流过程虽然激烈，对方也提出了不少的问题和意见，实则都不重要，他们总体对我们技术建议书的核心内容给予了肯定的评价。果然，当我给了他们想要的东西之后，他们就给了我们想要的东西，"僵局"自解。

5.1.4 巧用"心理暂停"

针对谈判的"僵局"，转移话题可称得上是一个有效的小技巧。谈判中的"僵局"带来的最大问题是：随着你谈判时间的延长，双方对峙的时间也会越来越长，双方会逐渐丧失耐心，自然对谈判的结果也就没有了耐心。在这样的情景之下，谈判双方的情绪会越来越差，这其实无助于问题的解决。职场心理学上有一个著名的"咖啡理论"，当你清晨准备出门时，西装革履，穿戴完毕，结果一杯咖啡不小心洒在洁白的衬衫上，这件突发的小事会搞乱你一天的好心情。出门的时候，你会冲老婆大吼，说自己快要迟到了；开车的时候，你会感觉今天路上行驶的司机开车都格外"磨叽"，你狂躁地按着喇叭，在车里各种暴怒；到办公室之后看什么事情都不顺眼，好像全世界都在与你为敌。

假如没有早晨洒的那一杯咖啡，后面的一切负面情绪是不是都会随之消失呢？或者，就算洒了咖啡，你把它当成一个小插曲一笑置之，是不是也不会有后面一系列的坏情绪？有些工作压力可能无法避免，但是否可以换一个角度或者态度来看待，从而让自己更从容？而此时，转换话题，谈一些积极有趣的内容，可以有效稳定自己的情绪。已经有无数的心理学实验证明，人在心情比较好的情况下，更愿意做出让步达成协议，反之，如果你让自己非常烦躁，那就怎么也不能平静心情。

美国著名的国际关系和谈判专家戴蒙德曾分享过自己的经历：他以顾问的身份参与了一场商务谈判，谈判双方在谈到最后核心条款时直接谈崩了，满座30人的会议室骤然变得鸦雀无声，双方的主谈甚至都不愿意再多看对方一眼，自顾自地玩弄着自己的电脑，期待对方先让步。

就在这个时候，一名谈判专家说："所有人都出去，大家休息一会儿吧，茶歇时间到了！"紧接着，这名谈判专家邀请对方的总裁单独到休息室中喝咖啡。他将满满一杯美式咖啡递给对方，很真诚地看着对方说道："我们已经离成功很近了，能不能更进一步呢？请让这一切发生吧！"喝完咖啡之后，他和对方的总裁走出休息室，回到会议室，总裁对在场的工作人员说："让我们继续谈吧。"就在这恰逢其时的暂停之后，双方迅速达成了协议。

转移话题或先行讨论是打破"僵局"的一个有效的方法。你可以留意身边所有的商务谈判过程，最后总免不了双方决策层进小屋喝咖啡的"桥段"，这也是我把这个策略命名为"咖啡法则"的原因。

5.1.5 控制谈判的节奏

掌控好谈判节奏也可以有效避免和化解"僵局"，这是我们在实际的谈判与沟通中容易忽略的一个概念。如果你陪同高层去参加过正式的商务会谈，你一定对类似的经历并不陌生，那就是，没有人会在开场时就直接切入"正题"，如果双方本次会谈的目的是解决之前的分歧和矛盾，那就更没有人一上来就一本正经地探讨这个问题了。事实上，资深商务人士总会以问候开场，然后，伴随着交谈、闲聊各自的近况以及题外话。有一次，我和几位法国人谈判，开场的过程中，我花了很长的时间和他们分享我最近去法国旅游的经历并跟对方探讨起了当地值得品尝的美食和比较著名的景点，随后，我们的正式对话就很顺利，这就是所谓的谈判"前戏"。有时候，大家可以发现，这个"前戏"能持续半小时到一小时的时间，而双方都还没有急于切入正题。

这就是控制谈判节奏的一个绝佳案例，直奔主题很可能会形成"僵局"。例如双方之前最大的分歧就在于价格，如果刚坐定，你就直接把这个最沉重的话题扔到了谈判桌上，没有任何的寒暄，没有任何建立初步互信的过程，双方对彼此很陌生，在这个时候，你的做法只能给整个场面带来紧张的气氛，还会给对方平添一些不满，之后的工作就很难开展。而在你明知核心问题双方谈不拢的情况下，不妨先从一些无关痛痒的、双方更容易达成协议的次要条款谈起，这样一旦达成新的共识，便会有效破除双方的顾虑和芥蒂。

谈判的节奏都是轻中有重、有急有慢的调性，我们上来先寒暄，不是在说废话，而是为了大家都能迅速找到共鸣，体会合作共赢的愉悦感和认同感，最后慢慢过渡到困难的话题之中，由简到繁，由缓到急，逐渐地给对手"加码"，这就是谈判节奏的基本原则。不注意遵守这个原则，谈判有可能会直接陷入难以打破的"僵局"，也就成了死局。而有办法破局，"僵局"就会变得不可怕，甚至有时候为了取得更大的战果，谈判高手还会刻意制造"僵局"，但死局就不同了，也就是我们俗称的"谈崩了"，因为如果你想达成你的谈判目标，请极力避免死局状况的发生。

5.2
谈判中局的防守反击

5.2.1 虚拟权威

如果之前介绍的开出"贪婪的要价"和创造筹码是谈判中的侧路进攻，那当对方要求你让步时，如何巧妙地拒绝并进行防守反击将是防守问题。目前我们拒绝别人请求的思路一定是优先考虑用自己的主观原因拒绝，但这样做没有任何实际意义，因为对方岂会善罢甘休？你主观不愿意让步，那我就逼你让步，这是你的谈判对手时刻抱有的想法。客观原因带来的说辞，就是另一回事了，只有对方认可的说辞才叫理由，否则就只能叫借口。经过多次的商务谈判实战，通过对谈判高手的观察与揣度，再结合自己的实践，我认为除了考虑采用之前介绍的几种说服逻辑进行正面防御之外，我们在防守时更要善用虚拟权威巧设障碍。没错，这个策略将会成为我们绝佳的防守反击武器。

　　虚拟权威可以是一个数字、一个规定，或者是一个人。之所以称为"虚拟"，是因为它实际上并不存在，不过有时候，假的比真的还要有价值。虚拟权威这个策略的战术意义主要是营造人力不可抗的客观事实来帮助你拒绝对方要求你让步的请求，同时还可以避免对方进一步反击；而它的战略意义就在于可以在谈判过程中设置障碍，显示你为对方做出了很大的牺牲，或者是证明对方的要求在客观上无法满足，由此来控制对方对谈判结果的预期，并间接地让他自己降低对谈判结果的预期，最终达到减少让步幅度的战略目标。

　　不过既然是虚拟权威，我们在使用的时候要极力避免什么？那就是，你提供的信息一定是不可查证的，同时逻辑上要具有自洽性。当你在向客户解释你们的项目报价时，你可能会用 Excel 表格向他们列举出自己公司执行这个项目的运营成本、人员成本、设备物流、库存成本、额外预留的风险储备金额度等一系列指标来证明你们的成本不低，以此支撑你的报价。因为公司的财务信息总是不透明的，对方无法查证，客户也很难查找其他的合同进行参照，每个公司都有自己特有的业务模式和管理成本标准。如果有人在采用虚拟权威时采用了外部的信息，比如针对产品价格高昂的解释居然是相关的税收比例高，这是透明信息，一旦被对方查证，你就作茧自缚了。还记得在之前的案例中，外方曾经向我们收取 10% 的财务费用吗？

而我们用了通胀指数或者银行存款利率来质疑10%的合理性，因为这都是外部信息。

虚拟权威其实也可以是一个人。当你在谈判桌上被人逼到墙角里的时候如何自救？你不用硬着头皮在他们强硬的眼神注视之下拒绝他们，最稳妥的方法就是说："抱歉！我很想帮你，但确实超出我的权限了。"向对方传递你对此事没有决定权是解围的最好选择，随后你可以告诉对方，打电话了，但公司的高层拒绝了你的请求。虽然那些总监、高管此刻并没有坐在这里，但他们虚拟存在的权威却会帮你守住你的底线。

在之前提到的我的某位学生跟自己的老板商谈涨薪的实战案例中，她就遭遇了虚拟权威这个策略。当这位学生找我咨询的时候，她的薪水谈判已经陷入了僵局。她的顶头上司询问她对涨薪的期望是多少，她的第一步策略还是很正确的，要了20%的涨幅，但之后的情况风云突变，而当我得知她的顶头上司要作为她的代理人去跟公司老板谈涨薪时，我警觉地认为这不是一个好的信号。可以思考一下，她的上司做代理人会直接给老板在谈判中带来什么优势？那就是信息不对称。因为在双方都出价的时候，你说的内容就直接代表了你自己的立场，你说同意15%涨薪的条件，那就是白纸黑字地同意了，你不能撤回你的条件，但你的老板可以，因为即便你要求你的顶头上司让步，他被迫同意，随后也可以用公司老板的虚拟权威拒绝你，其实也就是他变相拥有一次随时撤回自己筹码的机会。所以，凡遇到这种真正拥有决策权的人却寻找代理人和你谈判的局面，要特别小心。

果不其然，当她开出涨薪 20% 的条件时，这位代理人也就是她的顶头上司直接回绝了她，回绝的理由是什么呢？他说这不可能，因为你涨 20% 的话，比我的薪水都高了。其实这个时候，顶头上司就动用了虚拟权威，他用了不可查证的信息，即自己的工资水平来限制下属的要价，此时我的这位学生立刻就做出了让步，而且直接退到了 10%。这个举动无疑把自己之后的谈判空间极度压缩了。

我们用逻辑分析判断信息的真伪：如果你们公司涨薪的均线是 10%，你的薪水上浮 20% 就会超过你的顶头上司，那他的薪资水平得多低啊？显然这个信息是假的，同时这也印证了我一再强调的在谈判之前的信息收集的重要性，没有同事的平均涨幅做参照，是没有标尺来判断对方给出的条件是高还是低的。

由此可见，双方的位势分析有多重要。你要想到很多人不敢跟老板开口涨薪是因为怕老板生气或自己被开除。但是全盘考虑这个问题，老板为什么要给你涨薪？不就是怕你离职之后没人能代替你吗？你手里其实是有牌的。那老板的底线应该在哪里呢？我猜测就是如果你离职，换新人代替你产生的成本有多大。如果你要的薪水低于这个成本，那就没有触到老板的底线，留下你就是正确的选择；如果你要得过多，那索性不如再雇用新人。当替代你的成本比给你涨薪留住你更低时，老板自然会选择同意你离职，而不是涨薪留人。

回到谈判中，如果你已经发现他在使用虚拟权威，那该采用什么策略应对呢？直接拆穿上司的谎言，显然既没有必要也不明智，这样只会惹怒他。不妨调侃一下对方："您为公司做这么多贡献却只比我多拿20%不到的薪水，真是物超所值！"这样你可以间接暗示他，你已识破了他的谎言。不过最主要的策略还是要考虑重申自己要求涨薪的合理理由，并表示如果需要，你可以和你的顶头上司一起去和公司老板面谈，既然你的上司是帮助你和老板谈薪水，你就顺势要求和他同行，给予他支持，从而间接达到破除这层防火墙的目的。

后来这位同学采用了这个策略坚持住了自己的诉求，最后成功保住了10%的涨薪幅度，也挽救了之前谈判的颓势。

这个案例引出了一个课题，那就是当对方在谈判中采用虚拟权威刻意设置障碍时，我们应该如何去破解？我曾经在工作中有过一次类似难缠的遭遇。当时我的合作伙伴要求我们签署一份声明，我在拿到这份声明时却发现很多的条款和责任承担的内容显然不是我们作为买方应该承担的，一旦签署了这份声明，他们就会把很多的责任转嫁给我方，这是绝对的原则性问题，我们是不能同意的。

在我决定开始跟他们交涉之后，起初对方表示这是他们高层的要求，面对所谓的"高层要求"，我知道这个"高层"大概率并不真实存在，于是我表示自己可以直接跟对方的高层对话，"帮"他去和他的领导沟通。没错，我就是想通过这样的回复来直接击穿这层防火墙。但对方发现我识破了他们刻意设置的障碍，转而选择用地方政府更高规定来做挡箭牌。在这种情况下，我应该怎样去破解呢？

我当即表示，毫无疑问需要遵守相关的规定，不过也需要对方向我出示相关的规定，这样我才能跟我们的相关部门交代。是的，作为回应，我也启用了虚拟权威来要求他们提供我需要的文件。数日之后，他们很为难地把相关法律条款拿给我看，但并没有类似的规定。在这种情况下，对方刻意设置的障碍被我彻底突破了。因此，刨根问底、信息搜集、调查细节是我们破解对手障碍非常重要的法宝。我在谈判初期策略制定环节一再强调的前期的信息搜集，此刻也有非常恰当的体现。

5.2.2 "红白脸"策略

虚拟权威这个攻守转换的核心策略一定令你印象深刻，或许此刻你已反省过去的很多谈判经历而恍然大悟。但好戏还在后面，我们要继续探讨一个非常有效的进阶策略——"红白脸"策略。在欧美也有类似的策略做参照，他们称为"好警察坏警察"策略，这个谈判策略源于审问嫌疑人的过程中最常见的模式。大家在各种影视作品尤其是美剧中会经常看到,在审讯嫌疑人的过程中,会至少出现两名警察,其中一位警察凶神恶煞,他会对嫌疑人大吼大叫,甚至会动用私刑威逼,他的作用其实就是在陌生封闭的环境内,在极短的时间里给嫌疑人造成巨大的心理刺激和压力——让嫌疑人精神崩溃。

这仅仅是第一步,事实上,最后能让嫌疑人开口说话的恰恰是另一位扮演"好警察"角色的人。这位"好警察"需要做什么呢?他会在一旁对这个嫌疑人非常"友善",每次在那个粗暴的"坏警察"给予嫌疑人很大压力的时候,这位"好警察"都会为嫌疑人说情。是的,他想通过自己的所作所为让嫌疑人意识到自己是站在他这一边的。从嫌疑人的角度来讲,在这种极端的情况之下,有人为他说话,那他会非常倾向于立刻与其建立一种信任感。因此,嫌疑人慢慢地就会对"好警察"敞开心扉,审讯的进程也会迅速推进。

很多家庭在教育孩子时,父母一个"唱红脸"一个"唱白脸";在企业管理的过程中,两位高层领导在针对下属的管理中,长期设置为一人扮演"好警察"而另一人扮演"坏警察",全都是类似的原理。

"红白脸"策略虽然常用,但从我的实践经验来看,这个理论在谈判实战之中的应用会发生一些变化。因为经典的"红白脸"策略"套路化"严重,并已经广为流传,且至少需要两个人的参与。如果这两个人没有足够的默契完成完美的配合,会很容易被对手识破，造成尴尬的场面。实际上，我们有时候不需要这样帮手也可以一人分饰两角来达成策略的应用。谁来和我们配合呢？自然是用虚拟权威来代替那位"坏警察"，而自己在谈判过程中扮演"红脸"的角色。

我曾经采用这个策略在谈判的最后一轮过程中只用了四个小时就让对方做出了价格上的巨大让步。当时我方的谈判组正在和卖方进行采购谈判，作为当年的收官之战，双方剑拔弩张，七轮谈判下来已经历时半年之久，最后一个回合，双方在总体的框架协议的价格上仍有巨大的分歧，对方最初的要价是2300万元人民币，我们给出的还盘是1100万元，不难看出中间的价差是巨大的。在前几轮的谈判之后，双方的价格分歧收窄到了我方1250万元，而对方坚持要1900万元。

新年前的最后一轮谈判，双方已经鏖战到了夜里10点，我们的领导思索良久后给出了一个诚意十足的条件：我方可以考虑接受1350万元的价格，但附加条件是对方必须接受分批付款。"如果你们接受条件，我们今晚就可以达成协议。"我们对卖方说道。

对方内部讨论了20分钟之后，还是决定不接受我们给出的条件而继续坚持自己1900万元的要价，同时再次强调付款金额是他们的核心诉求，在这个问题上，他们一步也不会再退让。最后双方僵持到11点，不欢而散，各自鸣金收兵。

当时我的心情是十分沮丧的，因为通过前面多轮的铺垫，我们引经据典，晓之以理，动之以情，费尽口舌，当我们抛出这个颇具诚意的最后出价时，我能隐约看到对方眼神中的一丝惊喜，但随后就消逝在他们充满疲态的面颊上。我们又何尝不是精疲力竭，双方的消耗战打到这个程度都已经是强弩之末，恨不得立刻结束这场谈判，但我们都清楚这个时候谁先失去耐心，谁就要为此花大价钱了。

第二天傍晚时分，对方给我打来电话，说他们内部高层开了专题会议，建议不如在双方之前各自条件的基础上取个中位线——1500万元。

我定神一想：这样可不行，如果取中位线就等于白谈，我们在最终底线1350万元的基础上还要让步不少，却什么额外的回报都没得到。而且这很有可能就是对方设计的圈套，他们用1900万元的抛盘就是为了锚定我们的价格，引我们入局，最后取中位线1500万元和我们达成协议。也就是说，他们本来就是打算以1500万元的价格来终结这场谈判的。而我们绝对不能接受，怎么办呢？只能降我们的条件，可是我们已经给出的1350万元的条件是不能轻易回撤的，就算我们想撤，总得有一个合适的理由。

我斟酌再三，决定设计一套说辞让自己来扮演"好警察"，让虚拟权威来扮演"坏警察"。规划完策略之后，我先给对方发了一条微信，其大意就是："实不相瞒，按照我们的商业逻辑，1100万元才是我们的底线，基于我们双方友好合作的历史和情谊,我们才同意涨到 1250 万元,也就是之前你们拿到的条件,至于我们最后抛出的 1350 万元的提议其实是我们领导对你们做出的最后让步。其实就在今天晚上,我们的领导要和公司的副总裁和财务总监开个紧急会议,会议的内容就是我们领导要帮你们向高层争取 1350 万元的最终授权。他要说服我们的副总裁和财务总监,因为这个条件已经严重突破我们的底线了。"

如上表述,其实是把我和领导定位在一个帮助他们而非和他们对立的角色上,是的,我们是"好警察",就让公司的副总裁扮演"坏警察"吧。随后我向他们强调:"你们远道而来连新年假期都放弃了,我们不能让你们白来这一趟。既然如此,我负责为你们保住 1350 万元的条件,而你们负责说服你们的高层接受这个条件,我们合力在今年之内把协议敲定,然后让你们回家开心地迎接新年,如何?"

我之所以强调尽快签约,也是因为我洞察到了他们急于在新年之际结束谈判的意图,连假期都放弃了而选择直接飞过来和我们谈判,他们的行为已经暴露了内心极度渴望签约的意图,我也正想借此诱导他们尽快做出让步。对方显然"听进去了"我的提议,表示可以考虑。

之后我就开始焦急地等待,然而三个小时之后,对方给我来了电话。遗憾的是,事情并没有按照我写的剧本发展,他向我表示他们的高层还是不能接受这个条件,问我是否还可以争取再做一些让步。

我不置可否地挂断电话，之后便陷入沉思，此时我的处境比较艰难，如果放弃这个计划，那就前功尽弃，我们的处境只会更加被动，因此我决定坚持自己的立场。十分钟之后，我电话回复对方："我给我们的领导打了电话，但没有接通，我猜测此时他正在向我们公司的副总裁和财务总监为你们争取1350万元的条件，我要不要现在给他发个短信告诉他放弃谈判，明年和你们重新来过？"对方听后，立刻撤回了自己此前的要求并表示让我们不要停止计划，而他会继续去说服他的管理层。

果然一个小时以后，我又接到他的来电，他只说了这样一句话："我完成了我的工作。"

就这样，我成功运用了"红白脸"外加虚拟权威的策略，在没有额外让步的前提下，让对方从1900万元连退两步直接到1350万元并和我们最终达成了协议。当听到他们同意的话时，我如释重负，巨大的成就感瞬间涌上心头。

正确运用谈判策略，具有敏锐的洞察力，在危急时刻敢于坚持执行正确的策略，在短短几个小时内用谈判为公司创造几百万真金白银的利润，极大地节省了采购成本。这是智慧与坚持的结果。给他们发送的那条微信截图至今还保存在我的手机当中，它时刻提醒我智慧与坚持的价值。

第6章

谈判的终局
如何取得胜利

6.1
谈判的胜负手

究竟什么是谈判的胜负手？根据个人谈判的实战经验和相关的知识系统，包括 MBA 课程等一系列信息的综合考虑，我总结出了四项值得我们注意的影响谈判的关键因素：筹码、时机、底牌、耐心。它们是在谈判终局时最终决定谈判能否走向胜利，能否为我们赢取最大利益的关键要素。

6.1.1 筹码

谈判本身是博弈，它的魔力来自于每位参与者手中那些花花绿绿的筹码，置身谈判中的我们时刻都在思量如何通过自己的智慧用手中的筹码为自己赢得金钱、快感和我们渴望的一切。

想赢得谈判，最重要的一点就是双方的位势分析，这时候就要看你手上究竟有多少筹码。我们之前强调在谈判开局一定要给出足够"贪婪的要价"，这就是在为你积攒筹码；在谈判的进程当中不断地设置障碍也是在创造额外的筹码，这些都是能让你更有机会赢得这场"牌局"的非常重要的方式。

之前在谈判策略的讨论中已经深度剖析了设置障碍这个概念，可见在谈判的过程中，不断收集属于你的筹码就可以增加你获胜的概率；而采用错误的谈判策略或者因为你的鲁莽而把谈判筹码搞丢的事情却时有发生，实际上也有很多相关的案例证实，冲动的代价往往会让你丧失谈判的主动权。

著名的投资大师巴菲特曾经在某年的伯克希尔投资年报上谈起他重仓投资的一家企业——华盛顿邮报公司。这个企业保住了利润的原因是它赢得了20世纪70年代（美国工人罢工事件在20世纪70年代频发）和工人的劳资谈判。为什么华盛顿邮报公司的管理层能在和工人谈判中取得完全胜利呢？根本原因其实是工人团体采取了极不恰当的措施和行为，直接导致他们丢失了谈判中的重要筹码从而输掉了这场谈判。

劳资谈判，工人们会有什么筹码？先进行位势分析，衡量一下双方当前手里握有的选择，资本家总体是占优势的，因为资本家的选择更多，你不愿意做《华盛顿邮报》的印刷工，劳动力市场上有的是你的替代者。工人群体相对来讲处于劣势，可他们也有一个优势，那就是因为工人是弱势群体，因此会获得全社会的同情心，舆论支持是他们手上的"王牌"。

但是这些工人却做了极端鲁莽和错误的决定，他们在罢工期间蓄意破坏印刷车间的设备，甚至在管理层亲自去印刷报纸时，大肆阻挠并殴打公司的老板及高层。这件事被广泛报道和宣传之后（因为《华盛顿邮报》本来就是媒体），整个社会对他们的看法就发生了改变，舆论风向也随之转变，人们不再同情这些弱者。

原本社会舆论对弱势群体的同情心是个极好的谈判筹码，为什么呢？因为在这种情况下，如果资方刻意地压榨劳方反而会很大程度上危害资方自身的品牌，人们都会觉得《华盛顿邮报》是家黑心企业，很多的读者就会去抵制这份报纸，这对资方未来的长期利益是有巨大损害的。本来通过这个支点，劳方是能够"拿得住"资方的，但由于他们过激的鲁莽行为，直接失去社会对他们的同情心，丢失了谈判中最重要的筹码，也直接导致他们在之后的劳资谈判中败北。

后来资方以更低的价格雇用了新的工人，社会舆论也没有太大的负面评价，这件事就这么解决了，资方大获全胜，不但平息了这次罢工，还削减了自己的劳务成本。所以，因鲁莽的行为而丢失谈判中重要的筹码是我们必须避免的错误。

6.1.2 时机

详细分析完筹码对胜负的意义之后，我们第二个需要关注的核心要点是时机。毫无疑问，谈判中选择正确的"出牌"时机是非常重要的，然而可惜的是，人们都知道时机的重要性，但是鲜有人能够准确地把握它。

我的一位学生曾经向我咨询她遭遇的事。这个学生供职于一家教育公司，公司的某位中层领导（也是她的朋友）决定离职创业成立自己的教育公司，中层领导邀请她跳槽到自己公司去工作，由于是朋友关系，她不假思索地辞了眼前这份工作，但当加入朋友的新公司开始谈薪水时，她发现对方给的待遇比原先的还要低。她去找朋友商谈，却被告知薪水问题要跟 HR 谈。这与我之前分享过的案例很像，出现了谈判代理人的角色，从这个行为中，我们可以嗅出潜在的危机。

这位同学的遭遇让我想起了一个特别著名的典故。三国期间曹操设计突袭徐州，而后吕布退守下邳。曹操攻破徐州之后，马不停蹄地杀到下邳城下。由于此时曹军已是人困马乏，为了兵不血刃而屈人之兵，曹操选择和吕布议和。他在城下对吕布说道："你要是跟我合作，何愁大事不成？"眼看着吕布就要心动了，可吕布的谋士陈宫却一箭把曹操射退。回到营中的曹操火冒三丈，誓要斩杀吕布，手下谋士随即献计掘开大坝，水淹下邳。吕布在被生擒之后，为免于一死连声跟曹操说："曹公你当时说要是我们合作何愁大业不成，现在我愿为曹公效命。"曹操只是淡淡地回复道："此一时彼一时，当日是我在城下而你在城上，和你议和是迫不得已，可现如今你是我的阶下之囚，难道连这点道理你都不明白吗？"

再回到学生的案例，之前她在原公司任职时，她的朋友成立新的公司想要"挖"她，她处在一个非常好的位置，进可攻退可守。她完全可以选择在这个时候和朋友谈薪水。如果待遇不够好，她顺势留在原来的公司即可，甚至她也可以拿朋友给她开的更好的待遇来和原公司提出涨薪的要求。当时是非常好的时机，但是她辞去了原来的工作，并在没有任何退路的情况下再跟朋友谈，这便成了一个非常不好的时机。

此刻，她没有任何的筹码，她很被动，而造成这种局面的根本原因就是谈判时机的选择错误。在这种局面下，我能给她的最好建议也只能是据理力争，同时尽量打打"感情牌"。不过我也友善地告诫她，你的朋友既然找"代理人"来跟你谈判，就说明他已经想公事公办而不想谈私情。如果谈不成更好的薪水，那就不妨当作一次锻炼的机会，没准新公司有更好的发展前景也犹未可知。毕竟此一时彼一时，既然已经错过了最好的时机，那自然也是回天乏术。

如何判断最好的时机呢？我帮大家设计一个思维模式。你可以以当下的时机为原点，模拟后续的情况，你问自己这样一个问题：如果事态继续往后发展，你的处境会更好还是更坏？

如果会变好，那你不妨再等一等；如果会出现恶化的情况，那我建议你还是现在就"出牌"。以刚才的案例进行分析，她的朋友自己成立新公司然后来"挖"她，这个时候和朋友谈薪水合不合适？如果不确定，那把事态的发展往后推演一步，即辞去了现职然后再和朋友谈薪水，比起原先的时间点，觉得孰优孰劣？通过分析，明显在仍居现职的情况下谈薪水会更加应对自如吧？

显然，"现在谈"是最好的时机。如果事情往后发展，你会发现自己变得更主动，比如当你收到一家公司的 offer，同时还很有可能收到另外两家公司的 offer 时，那不妨再等等。我们判断是不是更好时机的一个小的思维模式就是把事态的发展往后推算一步，然后再进行比较，就会得出最优解。

另外在时机之外，谈判地点也很重要。尽量要在自己家门口终结谈判。上面案例也是一样的道理，她辞去了自己的工作，然后跑到别人的地盘上再谈，处境就很被动了。谈判的场景也很重要，如果是最后一轮收口谈判，你占据地理的优势就会非常主动。有任何问题都可以在公司内部交流，非常便利，而对方只能疲于奔命，而到对方的主场，气势就矮了三分，同时不能及时沟通，信息领域会占劣势。因此，谈判最后一轮最好能在自己的主场终结，这也是非常重要的时机要素。

6.1.3 底牌

第三个决定谈判胜负的重要因素是底牌。你的底牌就是你核心诉求的底线，千万不要让你的谈判对手知道你的底牌。在双方博弈的过程中，双方都会想方设法地试探对方真正的底线到底在哪里。为什么要如此大费周章地做这件事情？因为一旦成功获取这个信息，就可以采取更有针对性的策略，肆无忌惮地"挤压"对手并最大化地保证自己的利益。

假设你去售卖一个产品，你开价 60 元，如果买方明确知道你的底价其实是 20 元，猜猜会发生什么？他会忽略你的报价以及你的一切理由而肆无忌惮地往 20 元压价。因为他很清楚，只要在成本线以上你都是有利可图的，而那就是你真实的底线。无论你如何辩解，采用任何措施都是无效的，因为你的最高机密已经被暴露了。如果你直接告诉敌方指挥部的具体位置，那精妙的防御部署和作战计划还有什么意义呢？谈判暴露了底线，那就彻底失败了。在商务实战中，你的谈判对手绝不会轻易地告诉你他的核心诉求和底线，之前介绍过的在谈判开始时使用的"哭穷战术"，不过是为了设置障碍从而创造更多的筹码，也是为了更好地隐藏自己的核心诉求而不会轻易被对手发现。

对于这个捉迷藏般的游戏，我深有体会，有一段鲜活的经历至今历历在目。在一次价格谈判的过程中，某个晚上，对方的销售总监忽然给我打了通电话，一番寒暄之后开始表示目前双方在两个点上还有分歧，一个是现货的购买价格，另一个就是未来在这个产品上给予我们的折扣。他认为在这两个点上，我们的要求过于苛刻，如果想要他帮我们说服他们公司的管理层，需要给他一个重点主攻的方向，只有集中力量才能搞定，而这两条都拿下是不太可能的。"这样吧，哪一条对你们最重要？"他问我。

此刻我的内心独白却是这样的：这位销售总监显然在跟我玩"好警察坏警察"策略，表面看他是在"帮"我说服他们的管理层，实则他是在探我的底，他想看我的核心诉求究竟是哪一点。我当然不会上他的当，谁说鱼与熊掌一定不可兼得？于是我这样回复他："无论是现在的价格优惠还是未来的折扣，对我们来说都很重要，都是我们的核心利益诉求，不可退让。"我等于说了一句最正确的废话，但同时我也没有放过这次机会，反而开始探他的底："我很好奇，未来和现在，对你们来说是哪个重要呢？"我给他也出了一道题。对方回复我，关于现价的问题他们是很灵活的，而未来的折扣问题是不可谈的。后来谈判结束，双方签约以后，我复盘整个过程，开始回忆这段对话，我发现他当时说了谎。明明他所谓的很灵活的现价让步幅度并不大，倒是这个所谓的核心诉求，也就是未来的折扣问题几近是一泻千里，只要未来购买的量达到一定规模，折扣就会非常优厚。

思量再三，最终我得出结论：现在我们能立刻支付的现金对他们来说才是最重要的，而所谓的未来采购的优惠折扣问题，因为未来商务合作的规模是不可控的，那些虚无缥缈的期望对他来说并不是那么重要，尽管他一再强调那才是他的核心诉求。他为什么要这么做呢？原来在于如果他一开始对我说实话，透露目前的价格即当下的现金流对他们很重要，未来的事情他们并不是很关切，他们更关注现在能尽量多地挣到现金，那我们在价格方面的让步就会变得非常吝啬。我可能只让步10万元或20万元，就可以得到很多重要的利益，因为这一切皆因我知道折扣对他们太过重要，他们是不愿意花大代价来换取的。这样他会非常被动，所以他当然不会告诉我真相。

由此衍生出一个问题，那就是我们在谈判的过程中如何辨别对手的真实意图，对手宣称的所谓核心诉求究竟是真的还是假的呢？首先基本的原则是，不要只听对方说的内容，而要重点关注他的行为。一般在谈判中，对方优先让步的方面，不论他言语上的态度究竟如何，我认为它大概率都是非核心诉求。这很好理解，如果你把自己现在所有的财富都抱在怀里，而此时我必须拿走一样东西，你会给我哪个？你肯定会把你最不珍视的东西给我。最没有价值的肯定最先被放弃，这是所有正常人本能的心理反应。

即便退一万步讲，对方想采用"苦肉计"，真的先行"割"

了块肉，当然我认为这种概率非常低，那还有第二条原则：如果在同一个条件上，对方退让两次甚至更多，那我敢 99% 肯定这一定不是他的主要诉求而是次要诉求。即便他口头上多次强调这是他的核心诉求，我们也大可不必过度理会。因此，如果这个条件恰巧对你反而很重要的话，那你真的走大运了，因为你尽可以狮子大开口，他有的是空间让给你。

在谈判过程中你来我往，双方退让总有发生，然而总有些条款一直静静躺在那里从未被提及，我们一旦触碰则会被对方死守，那么这些条件大概率是对方的核心诉求。如果你抓住这一点，在对方的核心诉求上退让很小的幅度便可以考虑尽情地要求其他方面的回馈，因为你已经判断出这件事情对对方很重要。既然是那么值钱的东西，自然要卖个好价钱了。因此，不要看对方说什么而要看对方做什么。总而言之，先让步的内容大概率是假核心诉求，连续让步的一定是假核心诉求，而从未让步的很可能是对手真正的底牌。

古代兵法早有"曰"在先，声东击西、调虎离山、避实就虚。谈判、商务合作不就是为了用最小的代价换取最大的战果吗？既然如此，这其中必然是虚虚实实、变幻莫测。因此，我们在谈判的过程中就要时刻想尽办法去摸清对方的底牌，同时还要时刻藏好自己的底牌。有一句我十分喜欢的英文短语与这个情境真可谓相得益彰："hunt or be hunted(狩猎或者被狩猎)"。没错！谈判就是一场猎杀与反猎杀的"游戏"。

6.1.4 耐心

耐心可谓我们整个人生事业发展和个人成长中的绝对稀缺资源，在谈判中亦是如此。很多时候，同样的原则往往会在整个谈判过程中重复数十次乃至上百次，不是因为对方听力不好或记忆力不佳，而恰恰是因为只有你反复坚持的立场才真正有可能让对方先动摇。你坚持得越久，对方才越有可能确信这确实是你能给他们的最好的条件，耐心则是达成这一切的关键词。

一个有耐心的谈判专家会持续不动摇地坚持自己的诉求，其实双方在没有达成合同之前，彼此之间是难言信任的。我们会下意识地断定对方目前给出的条件一定还留有很大的余地，对方总是想占你的大便宜。然而随着谈判进程的发展，如果对方立场坚定，渐渐地，你会相信对方真的已经做出了很大的让步且很有诚意。

当你因对方的坚持而开始"相信"对方已经做出足够的让步努力时，你可能会尝试说服自己接受当下的条件也是不错的选择，恰恰是对方用他的耐心让你失去了自己的耐心，从而降低了对谈判结果的期望。这就是双方比拼耐心相互博弈的一个关键点，谁先失去耐心，谁就先让步，其结果就是输掉这场对决。

之前介绍"红白脸"策略时提及的案例就是耐心的体现，

抛出自己的条件并等待对方回复的过程是异常煎熬的，这中间还会发生反复。这是策略和理论无法解释和涵盖的实践要素。耐心，说起来容易，但真正经历过的人都有深刻体会，这两个字有多么知易行难。

耐心还体现在对绝佳时机的等待上，我们强调过"僵局"是谈判过程的主体，而但凡具有大型商务谈判经验的人都知道在"僵局"中保持耐心是多么困难。唇枪舌剑固然精彩刺激，但事实是，往往70%以上的时间都是双方沉默寡言地在那里互相煎熬。谈判从早晨一直持续到深夜12点的情况时有发生，不到最后一刻没有人会轻易认输，我们就像阴影中的狙击手，数十个小时的匍匐只为等到扣动扳机的那一刻，我们不知道这一刻究竟几时到来，我们只知道丢失了耐心，就失去了一切。

6.2
谈判终局的策略

蚕食策略可以称得上一个屡试不爽的策略，它广泛存在于各种商业谈判的开局和终局之中，值得我们深度学习和应用。如果你问我它的核心主旨是什么？概括起来就是把一个较大的要求拆解为若干小的要求，对方会更容易逐渐全盘接受。

令人颇为意外的是，孩子往往是蚕食策略最优秀的先行者和实践者，因为在他们成长的过程中总是难免要通过和父母"谈判"，才能得到自己想要的东西。

孩子会对自己的父亲说："爸爸，我们马上就要组织去郊游了，很多同学的家长都给他们买了新的书包，我也不太想背旧的书包去郊游。"面对这样的谈判开场白，我想说的是，这个孩子很聪明，从对方的价值体系出发给出说服理由是个不错的想法。这个小孩强调别的家长都给自己的孩子买了新书包，而你作为我的爸爸，如果你拒绝，是不是会让你怀疑自己作为父亲是否尽职呢？须知家长之间也是有交际圈的，且极爱攀比，小孩诉求的角度至少给了他爸爸心动的理由。在他的父亲同意这个提议之后，他紧接着会说："爸爸，你看我们这次是去爬山，山路非常滑，所以我希望有一双登山鞋，比较安全。"既然都去郊游了，而且新书包已经买了，出于安全的考虑，给他配双登山鞋也是合理的选择。最后这个小孩大概率会再要求100元的零用钱——这也是顺理成章的事情。我认为此时没有父母会拒绝这个提议，因为父母的思维模式一定早已处在"一步到位"的轨道上，索性让孩子开心地去郊游已经成为父母说服自己的最好理由。

其实只言片语之间，这孩子就让他爸爸给他买了书包、登山鞋并索要了100元钱。但如果这孩子一上来就直接跟父亲提出如上的所有要求，你觉得他的父亲会全盘满足他吗？我认为多数家长会先被这个略长的愿望清单震惊，随后他们的思维便会切换到"不要过于娇惯孩子"的模式并考虑削减孩子的要求。相比前者来说，此时家长全盘买单的可能性显然就微乎其微了。这就是蚕食策略，如果对方很难同意我们一个很大的要求，不妨先拆分这个大的要求，让对方先接受其中的小部分，然后再逐渐加码。

蚕食策略背后有什么深层次的逻辑吗？有，其中最重要的一点就是它利用了心理学上很常见的现象，那就是人总是出奇地喜欢保持一致性，也可以理解为思维惯性。我自己曾经在拉斯维加斯旅游期间闲逛很多当地的五星级酒店,例如威尼斯人、百丽宫和恺撒宫。我会在酒店赌场驻足观察那些赌客,他们在赌博过程中的行为和心理变化给了我很大的启示。所有的赌局参与者在下注之前,都会焦虑地左顾右盼,紧握手中的筹码,紧咬自己的嘴唇。可一旦他们完成下注,轮盘开始转动,我看到他们的眼神变得格外坚毅,是的,人们都认为自己选了正确的数字,剩下要做的只是等待幸运女神的垂青。无论结果输赢,在多巴胺的刺激之下,他们都很情愿再次押注,这就是一致性原则在作祟。

因此,在谈判时循序渐进地提出自己的条件,是不是对方接受的可能性就会更大呢?这是毫无疑问的。一旦做出了决定,我们所有的想法都会倾向于加强自己之前的决定。这种策略在我们的生活情景中也屡见不鲜。我曾经在装修新房的过程中去家具城选购橱柜,各种品牌的橱柜厂家会争相给我提供他们的报价。报价的基本形式都是按每延米若干人民币来计算。值得注意的是,在大部分厂商都报价 2000 元每延米的前提下,有一个品牌的销售给出的报价不足 1000 元。在和他们仔细商谈之后,我才发现这个报价水分十足,他们的策略就是先用低价把消费者吸引过来,而很多标准的必备配件都变成了选装件,例如滑轨和半开门抽屉都要额外付费。他们的蚕食策略是先用低价诱导顾客主观上产生某种心理暗示:"这家的橱柜性价比高,我要在这家购买。"而一旦顾客产生了这个念头,他们再慢慢逐渐加码。仔细想想那些价格看似很有诱惑力的名牌汽车基本款，还有那些出现在电商的购物节广告中价优质美但却永远都在断货状态的商品，我们好像忽然明白了什么，真是醉翁之意不在酒。

在谈判的收尾阶段，随着之前双方多轮的你来我往，彼此之间的意图也已经十分明晰，一切都将拨云见日，我们似乎离胜利只有一步之遥。但此时，我们需要倍加小心的是对手的蚕食策略。没错，蚕食策略既可以用在开头也可以被用在结尾。在谈判终局，如果你的对面坐着的是一位资深商务人士，请你一定要特别小心并做好心理准备，99.9% 的情况他可能会在之后突然撤销之前给出的条件。他会怎么做呢？可能就在双方握手马上要签署合约的时候，他会忽然告诉你情况有变，因为他刚刚请示了某位公司高层，现在他们不太能接受刚才答应你的条件。你一定会本能地认为之前的所有投入都要前功尽弃，受制于沉没成本，你会恐惧无法达成这笔交易，紧接着你会冲动地想要接受对方新的提价来保住这笔交易。如果你践行了这个冲动的话，对方的目的自然也就达成了。

我在美国买车的时候遇到过类似的遭遇，当时我看上了一款棕色的本田 CRV 越野车。在试驾的过程中，我已经幻想着我马上就能拥有这辆汽车了，脑中不禁浮现出之后驾驶它奔驰在各条大道上的景象，显然我流露出的欣喜表情被那位汽车销售员捕捉到并为我后来的交易埋下了隐患。就在签合同之前的一瞬间，这位经理走进里屋去获取他老板最后的"绿灯"，然而从老板办公室里走出来的他，摇着头向我表示价格标错了，真实的价格要再高 2000 美元。

我当时很失落，冲动地想借 2000 美元把这辆车买下来，好在我的朋友们及时阻止了我的行为。事后我在一本美国人写的营销书籍上看到，这其实是车行销售经理们惯用的"套路"。他在那一瞬间利用的是我的什么心理呢？就是我主观上已认定我就要拥有这一切了，然后他忽然把这笔交易从我手中拿走。很多人都会出于惯性疯狂地想保住交易，在这个过程中会丧失理性而忽略成本和代价，这就是在谈判终局蚕食策略应用的雏形。

我个人在工作中也有很多成功运用这个策略的经历。在 2015 年的某次商务谈判临近尾声之际，我和外方口头约定次日下午两点钟来我们公司签约。然后在当日上午对合同进行最终评估时，我对合同中的一项条款还是不太满意。这个条款的大意是此次双方达成的价格只针对本次合约，不能作为今后双方合作的参照。由于这次的谈判很成功，我方拿到了非常优惠的价格，因此我方希望以后还能以这个价格为基准，于是我决定要求对方拿掉这项条款，而蚕食策略毫无疑问能帮助我达成心愿。

我在中午 12 点的时候接到他们的电话，和我确认下午的时间是不是仍是两点，我借此通电话很遗憾地通知他们情况有变化，公司高层表示需要更改合同条款之后才能签约，从电话里，我能感受到那头的郁闷和失望，当然随后我也遭到了他们强烈的抵抗。对方坚持这是他们的底线，并且在挂断电话之后一再发信息让我对此事给出合理的理由。此时的我也是备受煎熬，甚至一度怀疑这样做会不会弄巧成拙。但是反过来思量，这项条款的存在对未来我们的长期利益威胁较大，于是我还是决定坚持。到这个时刻，双方都会认为事情发展到这一步，如果放弃的话就会前功尽弃，就看谁更有耐心坚持到最后。想到这里，我索性把手机放到了兜里，若无其事地去吃午饭。一个小时之后我收到通知，他们表示两点会准时过来签约。至于那项条款的下落，我没多问，他们也没多讲，但我感觉大家都已心照不宣地默认了将它删除的事实。

果然，等我拿到新版合同的时候，那项条款已不复存在。在谈判接近尾声时，如果对方先入为主地笃定双方的合作已是板上钉钉，此时你再提出进一步的要求，对方总是会很难拒绝。因为依据一致性原则，如果对方拒绝的话，那之前所有的努力都有前功尽弃的可能，和对方本身的信念有很大的违背，对方会陷入很大的痛苦之中。这也就是为什么很多人被沉没成本所累，就好似在 20 公里长跑的最后 100 米时，被告知如果不额外跑 1000 米，就会被取消成绩，这种痛苦和心理上的压力大部分人难以抗拒，但我想此时纵然你身心俱疲，可能也会无奈地选择再跑下去吧。

这也是为什么很多"老江湖"都会反复强调在合同还没有签订之前，不要主观地认定这事已经搞定了，否则你会很容易陷入这种心理学的陷阱之中。同时，这也和我们要学会在谈判的最后让对方"赢"这个原则一脉相承。即便你内心对谈判结果已经很满意了，仍旧要非常不情愿地接受对方最终的条件，让对方感觉是他刚刚赢得了一场胜利。试想一下，如果你很高兴地接受对方开出的条件，那会带来什么样的"灾难"？对方一定会觉得原来你还有很多油水可以"压榨"，他会立刻采取蚕食策略来挤压你。所以说，学会让对手赢，既是为了未来的合作有空间，也是为了在当下避免被对手的蚕食策略所针对。

6.3
最艰难的谈判

此时，我们已经完成了谈判思维、说服逻辑、如何应对强势对手的内容分享，并系统地剖析了谈判开局、中场以及终局的原理、技巧还有策略，这场大戏已经临近结尾。我相信大家至此对谈判整体的基本理论，背后心理学的原则、沟通的技巧，乃至整个谈判从开局、中场到"僵局"，最后到终局的所有策略都有了非常系统的了解。如果说这些谈判招式犹如武林绝学，那如何把它们捏合为一个整体并形成有机统一的体系将是我们在今后的实践中需要持续追求的目标。

如何能有效地运用它们？自然离不开我们对真实谈判案例的深度剖析。现在我要分享的这个案例来自我的前辈，一位非常优秀的资深国际商务谈判专家。某一次，我们同去参加一场国际展会，在开车去会场的路上，他用很长的时间把这个故事对我娓娓道来，那场展会本身倒是波澜不惊并无新意，但是前辈的这个讲述令我记忆犹新。事后，我将这个案例重新进行了系统的梳理和总结，在本书的结尾，让我们共同经历这次大型的商务谈判。

我的这位前辈曾经供职于一个从事转包生产的国际商务公司，这种公司的商业模式就是整合国内制造厂的生产资源，其自身作为商务代理与那些国内制造厂共同为国外的某些大型知名产品做代工生产。当年这位前辈所在的公司帮助国内的制造厂从外方客户那儿拿到一个规模不小的代工项目，就是我们利用自己的产能帮助外方生产他们产品中的某些特定的部件。

然而，这位前辈的这个项目在实际执行过程当中，有很多意想不到的问题接踵而至。

前辈所在的商务公司作为整个项目的管理方，在支付完购买原材料的款项之后发现整个项目的现金流居然成为负数。天下毕竟没有赔钱的买卖，入不敷出迟早会难以为继，随后生产厂商就会找上门来要求支付项目的代工费，但面对已为负数的现金流现状，当时真的是巧妇难为无米炊。这位前辈就是在那时接任了整个项目，成为项目负责人。

前辈认为首先当时的局面是一个三方的问题，而不仅仅是中外两方的博弈，他自己的公司作为夹在汉堡包中间的肉饼，面对错综复杂的关系十分被动。因此当务之急是先化繁为简，将三方之间的矛盾简化为两方之间的对垒。想通这一节，他便选择先坦诚地跟坐在面前催款的国内生产商表示："我可以给你看项目的财务报表,目前现金流确实为负数,由于当年项目谈判的时候关于定价的问题存在纰漏,也由于各种成本都在上涨,今年我们在支付完原材料的钱之后发现现金流为负了。

"这个问题的症结其实应该在国外的客户身上,他应该给我们支付额外的项目成本补偿费用以便保证继续执行这个项目。毕竟此一时彼一时,他们总不能拿几年前的物价水平来衡量今天的消费水准。我们的当务之急应该是共同去找外方谈判,如此才能正确地解决这个问题。"对方采纳了前辈的意见,双方统一战线,联合起来一致对外,虽然等待他们解决的麻烦仍旧堆积如山,但至少目前两家公司形成了合力,而这也为后续与外方的商务谈判扫除了后顾之忧,奠定了平稳的基调。

解决了眼下的"白马之围",前辈马不停蹄,夜以继日地详细搜集整个项目上执行过程中的各种信息和数据、原材料价格的涨幅、人工费用的支出等一系列信息。他希望通过一份详细的报告向外方论述这个项目早已难以为继,中方已经额外支付了巨额的附加成本,外方应该根据实际情况给予相应的价格补偿。同时他字斟句酌、热情洋溢地给对方的 CEO 写了一封亲笔信,打算以此为契机开启这场谈判。他很清楚,如果再不能解决这个问题的话,这个项目将会面临灭顶之灾,无论是他的公司还是制造厂商都会蒙受巨大的损失。此时的他不能说是信心满满、志在必得,但至少对这个谈判是充满期待的。

面对前辈的诉求,对方强势得几乎不予任何回应。随后中方内部针对这个情况开了个内部高层会议。当时有很多人对此事持绝对悲观的态度。外方给出的理由是他们确实承认中方遇到了成本上涨的困难,但是其他的供应商也都遇到了类似的困难,目前还没有人正式提出价格补偿。这些供应商占的份额更大,有的甚至占到40%。总而言之,对方的话翻译过来就是:我的主要供应商都没有和我商谈补偿协议,你们一个小小的次级供应商能有什么话语权?我凭什么优先给你解决?当时前辈公司中大部分人的畏难情绪源于这些话——有话语权的供应商都没有搞定这个问题,我们怎么可能搞得定?

前辈作为非常优秀的谈判专家,用他的睿智从这些信息当中"嗅"出了不同的味道,他给出的结论是:这恰恰是跟他们谈判的最好时机!因为从外方的角度来讲,他们肯定要为整个项目的成本上扬补偿大量的金钱,因为中方占整个项目的比重非常低,他们需要补给的数额相对就很低。如果整个项目他一共要支付1亿欧元的差额补偿的话,我们只占2%,即他们只需补给我们200万元就能解决问题;而面对那些占额比较大的供应商,他们需要支付几千万元才能解决这个问题。相比之下,这点小麻烦显然更容易解决。

由于前辈处理得非常艺术,此事最终谈判成功了。一个优秀的谈判专家就应是这样,你不仅需要对合同当中的所有条款都了如指掌,还要学会审时度势。

而如何破局呢?前辈利用的正是我之前跟大家分享过的损

失厌恶原则。前辈通过对外方最终产品交付进度周期的分析，推算出如果今年退出这个项目，一定会给他们的最终产品交付带来巨大的影响，他们会因此亏损很多钱，甚至资金周转都会有困难，就算他们可以找到新的供应商，新的供应商从接手这个项目到他的产能和工艺爬坡到现有的水平也是无法一蹴而就的。

前辈就这样把风险提示摆在了外方面前，让他们意识到很多自身已经具备的条件在更换供应商以后也未必会再有。这几招可谓"王炸"，顷刻间打得对方方寸大乱，前辈一方顺势反客为主，最终对方在权衡利弊之后跟前辈一方签署了协议，把一系列的补偿款都顺利地打给了前辈公司。

更有趣的还在后面，其他那些大的供应商在听闻前辈一方获得了相应的补偿款项之后，蜂拥而至要求外方进行相应的补偿，但那时候，外方已经没有足够的财力对他们进行全额补偿了，实际上最后那些巨头供应商拿到的条件远没有前辈一方优厚，前辈一方就是在千钧一发之际虎口拔牙却全身而退。

这个案例基本上诠释了我之前分享的所有理论，首先是谈判之前对信息的收集、双方位势的分析；在谈判的僵局当中如何通过让对方感到切肤之痛而拿到主动权；在常规的说服策略失效的时候，如何采用"损失厌恶"的原则反向说服，最终成功达成谈判目标。

此时，我们可以回望这段历程，前辈通过他对信息的收集与分析、对局势准确的判断和高超的谈判策略挽救了整个项目，你说这值多少钱？依我看，价值连城。而正是因为他对时机的准确拿捏，力排众议在最该谈判的时候果断出击才促成了这个结果。如果他参考之前多数人的意见，等待那些大的公司先行解决问题之后再去解决，他们很可能一分钱也拿不到，成为最惨的供应商，而这就是他们可能出现的结局。

谈判永远是一条艰辛漫长同时交织着各种博弈的满布荆棘之路，但它能带给我们的回报毫无疑问是值得我们如此付出的。

衷心祝愿各位读者无论今后选择什么样的职业和道路，都能更好地享受谈判的过程，甘之如饴，百炼成钢。

图书在版编目（CIP）数据

学会谈判：为自己争取更多 / 王达著. -- 北京：台海出版社，2022.3
ISBN 978-7-5168-3218-9

Ⅰ.①学… Ⅱ.①王… Ⅲ.①谈判学 Ⅳ.①C912.35

中国版本图书馆CIP数据核字（2022）第013311号

学会谈判：为自己争取更多

著　　者：王　达	
出 版 人：蔡　旭	封面设计：何　睦
责任编辑：吕　莺	

出版发行：台海出版社
地　　址：北京市东城区景山东街20号　　邮政编码：100009
电　　话：010-64041652（发行，邮购）
传　　真：010-84045799（总编室）
网　　址：http://www.taimeng.org.cn/thcbs/default.htm
E - mail：thcbs@126.com

经　　销：全国各地新华书店
印　　刷：三河市兴博印务有限公司
本书如有破损、缺页、装订错误，请与本社联系调换

开　本：880毫米×1230毫米	1/32
字　数：123千字	印　张：6.75
版　次：2022年3月第1版	印　次：2022年3月第1次印刷
书　号：ISBN 978-7-5168-3218-9	

定　价：58.00元

版权所有　翻印必究